CUISINE BRÛLEUSE DE GRAISSES

Abréviations

c.c.	=	cuillère à café
c.s.	=	cuillère à soupe
cl	=	centilitre
cm	=	centimètre
G	=	glucide
g	=	gramme
kcal	=	kilocalorie
kg	=	kilogramme
kJ	=	kilojoule
L	=	lipide
l	=	litre
M.G.	=	matière grasse
ml	=	millilitre
mm	=	millimètre
P	=	protéine
prod. surgelé	=	produit surgelé
resp.	=	respectivement

Mesures

1 c.c.	=	5 ml
1 c.s.	=	10 ml
1 tasse	=	150 ml
1 l	=	1000 ml
½ l	=	500 ml
¼ l	=	250 ml
⅛ l	=	125 ml
1 cl	=	0,01 l = 10 ml

Note importante :

L'ensemble des données, coneils et recommandations figurant dans ce livre s'appuient sur les connaissances disponibles au moment de sa rédaction. Cependant toutes les informations sont fournies sous toutes réserves. Ni l'éditeur ni les auteurs ne sont responsables des inconvénients ou dommages éventuels qui résulteraient des indications pratiques données dans ce livre. Les conseils indiqués ne sauraient remplacer une consultation ou un suivi médical.

CUISINE BRÛLEUSE DE GRAISSES

Avant-propos

D'après le dictionnaire, le terme grec de « diète » signifie simplement « genre de vie ». Malheureusement, de nos jours, il est surtout synonyme de « privation », « faim », « restriction » et autres qualificatifs négatifs. En fait, diète devrait vouloir dire que l'on se nourrit avec discernement et que l'on atteint et maintient, sur le long terme, un poids corporel avec lequel on se sent bien. Ce « poids bien-être » est tout à fait individuel.

Retrouvez le sens premier du mot « diète » : un mode de vie qui doit vous aider à vous sentir en bonne santé, avec une agréable sensation de satiété. Vous y arriverez en consommant des aliments brûleurs de graisse qui activent le métabolisme de manière ciblée et assurent une combustion efficace des graisses. Notre livre vous montre comment faire : vous découvrirez dans notre introduction quels sont les bons aliments brûleurs de graisse et comment vous pouvez les combiner. Viennent ensuite plus d'une centaine de recettes variées pour les repas quotidiens.

Sommaire

Introduction

S'attaquer durablement aux kilos superflus

Vous avez peut-être déjà essayé plusieurs régimes, avez renoncé aux friandises pendant des jours, voire des semaines, avez supporté un estomac criant famine pour voir enfin l'aiguille de la balance baisser. Cela valait bien la peine de se priver. Mais combien de fois avez-vous vu la même aiguille remonter encore plus haut peu après le régime ?

Nous avons affaire au fameux et redoutable effet yoyo : quand vous donnez moins de nourriture à votre organisme, il consomme ses réserves. C'est formidable, vous maigrissez ! Parallèlement, le manque de nourriture lui signale qu'il doit se mettre à tourner au ralenti. Malheureusement, ce mécanisme ne repasse pas immédiatement au fonctionnement normal quand vous remangez comme d'habitude. Non, tout ce que vous fournissez à l'organisme continue d'être utilisé efficacement. Vous grossissez donc automatiquement et devez vous remettre au régime.

Vous ne resterez pas mince durablement si vous évitez les calories. Au contraire, il faut manger pour maigrir ! Vous devez alimenter suffisamment votre corps pour qu'il ne soit pas en état de manque au point de modifier son métabolisme énergétique. Apportez à votre corps ce dont il a besoin, sous forme de brûleurs de graisse, qui brûleront progressivement vos réserves de graisse grâce à leurs substances actives naturelles.

Mincissez en mangeant des brûleurs de graisse.

Brûleurs de graisse – qu'est-ce que cela signifie ?

Vous avez décidé de vous attaquer aux kilos superflus grâce aux brûleurs de graisse. Bravo ! Vous avez opté pour une méthode efficace qui vous permettra d'atteindre le poids souhaité et, mieux encore, vous aidera à le maintenir durablement sans privations.
Le terme de brûleurs de graisse traduit exactement votre objectif : brûler la graisse corporelle pour être plus mince et vous sentir mieux. Vous y parviendrez avec les nombreux aliments qui possèdent les propriétés correspondantes. Mais cela ne signifie pas qu'à partir de maintenant vous n'aurez droit qu'à un nombre limité d'aliments, comme c'est le cas avec certains régimes courants. Ne vous inquiétez pas ! Vous n'aurez, ni à vous contenter d'ananas pendant des semaines, ni à avaler de la soupe au chou du matin au soir. Vous ne le supporteriez pas longtemps, et cela finirait même par vous rendre malade. Vous pouvez manger des repas aussi variés et copieux que d'habitude, voire même plus diversifiés, car vous découvrirez peut-être des produits

Faire fondre les kilos avec les brûleurs de graisse.

que vous aviez laissés à l'écart jusqu'à maintenant parce que vous préfériez d'autres choses qui, à l'avenir, occuperont moins de place dans votre assiette.

Comment agissent les brûleurs de graisse ?

L'un des principes actifs des brûleurs de graisse est leur influence sur le taux de glycémie dans le sang. Le glucose ne fait pas que fournir de l'énergie à l'organisme ; il indique également si l'approvisionnement du corps en substances nutritives fonctionne bien. Un niveau d'environ un gramme de sucre par litre de sang est considéré comme normal. Si ce niveau monte ou descend par l'apport ou le manque de nourriture, diverses réactions se déclenchent dans l'organisme qui aboutissent à un stockage ou à une dégradation des nutriments.

Avec des glucides à combustion lente, les brûleurs de graisse font en sorte que ce niveau ne baisse jamais au point de provoquer des fringales. Vous vous sentez rassasié(e) plus longtemps et mangez moins. Simultanément, ces aliments agissent activement sur les bourrelets de graisse. Car la combustion des glucides consomme de l'énergie. Plus leur combustion est complexe, plus le corps doit mobiliser de l'énergie pour obtenir du glucose.

Mais le corps ne vit pas que de glucides. Les protéines et les lipides sont des éléments nutritifs dont il a également besoin. Auxquels s'ajoutent les vitamines, les minéraux, les oligo-éléments ainsi que les hormones. Les brûleurs de graisse contiennent en tout cas les substances qui attaquent les dépôts graisseux et alimentent le corps de façon optimale.

Préférez les produits frais.

Les substances actives des brûleurs de graisse

Aujourd'hui, les nutritionnistes pensent que le taux d'insuline est un facteur déterminant, voire même l'unique facteur qui déclenche l'excès de poids. Il n'empêche que vous avez besoin de commencer à contrôler votre taux d'insuline. Il vous suffit de jeter un coup d'œil en coulisses pour comprendre ce qu'il advient de la nourriture dans le corps et comment vous pouvez influencer ces processus par votre alimentation.

Voici au préalable un conseil important : bannissez à chaque fois que vous le pouvez les produits industriels de vos menus. Ceux-ci ne renferment plus guère de vitamines, de minéraux et d'oligo-éléments mais sont essentiellement constitués de nutriments «morts». Soixante-dix pour cent de ce que vous mangez doit être composé d'aliments naturels. Votre organisme vous pardonnera, en revanche, les trente pour cent restants faits de produits industriels malsains qui font presque toujours grossir.

Glucides simples et complexes – une énorme différence

Le sucre influence le taux d'insuline : contrôler sa consommation de sucre est par conséquent la principale clé du succès pour maigrir. Mais il y a glucides et glucides.

Le «mauvais» sucre

Les types de sucre qui nous adoucissent la vie existent sous forme de mono- ou de disaccharides. Le saccharose, notre sucre ménager courant, est un disaccharide qui se compose d'une molécule de fructose et d'une molécule de glucose. Quand vous mangez un aliment sucré avec du sucre, ses deux molécules sont immédiatement séparées dans l'intestin et le glucose passe tout de suite dans le sang et apporte à votre corps une bonne dose d'énergie. Le corps s'efforçant en permanence de stabiliser le taux de glucose dans le sang, cette quantité de sucre élevée doit être éliminée du sang au plus vite et stockée à l'endroit voulu ! Le pancréas secrète donc une quantité suffisante d'insuline, cette hormone qui commande le stockage du glucose et envoie au cerveau un signal de satiété. Si les réservoirs de glucose dans le foie et les muscles sont pleins, celui-ci est transformé en graisse qui se

Ne vous faites pas piéger par le sucre au petit-déjeuner.

Les fruits frais apportent de l'énergie et activent le métabolisme.

stocke sur le ventre, les hanches et là où elle est difficile à déloger. Comme de grandes quantités d'insuline éliminent vite le glucose du sang, le taux de glucose baisse rapidement. On est alors assez vite assailli de fringales. Dans le pire des cas, on consomme de nouveau des sucreries et le cercle vicieux commence.

Le « bon » sucre

Notre corps a besoin de glucose pour avoir l'énergie sans laquelle notre cerveau et nos muscles ne peuvent pas fonctionner. Nous devons lui apporter ce glucose – mais comment, s'il fait grossir ? Tout simplement : le glucose doit être envoyé lentement, en continu, dans le sang. C'est ce que font les glucides complexes. Ce sont des polysaccharides qui sont constitués de nombreuses molécules de sucre et dont la combustion dans le corps est lente et continue. Le taux d'insuline monte en conséquence assez lentement, de façon mesurée, pour transporter progressivement le glucose dans les cellules.

Le glucagon, brûleur de graisse

Le glucagon, cette hormone qui contrebalance l'action de l'insuline, a un rôle à jouer. Dès qu'une certaine quantité du sucre dans le sang est brûlée et que le taux de glycémie baisse au-dessous d'un certain seuil, cette hormone est secrétée par le pancréas. Le glucagon freine d'une part l'action de l'insuline et favorise d'autre part la libération des graisses du tissu adipeux pour qu'elles puissent être converties en sucre si besoin est.

Les fibres alimentaires, frein à la montée de l'insuline

Les mono- et disaccharides font grossir. C'est pourquoi tous les produits sucrants doivent seulement servir à rehausser la saveur des aliments et non à se rassasier.

Il en va différemment des fruits : leurs fibres alimentaires freinent le passage du fructose contenu dans les fruits de l'intestin dans le sang. Le taux d'insuline ne peut donc pas grimper excessivement. C'est la même chose avec les produits au blé complet. Leur forte proportion de fibres ralentit encore la lente dégradation de la chaîne complexe de glucides. Ils présentent un autre avantage : vous vous sentez rassasié plus longtemps car il faut trois heures pour que le sucre passe dans le sang.

L'index glycémique

L'index glycémique (IG) est une mesure de l'augmentation de la glycémie provoquée par un aliment. Sur une échelle de 1 à 110, tous les aliments situés au-dessus de 55 sont mauvais pour la ligne. Ce sont des aliments qui contiennent du sucre, mais aussi des produits contenant des glucides fortement transformés qui n'apportent plus les fibres alimentaires susceptibles de ralentir le passage du glucose dans le sang.

La graisse ne fait pas nécessairement grossir

Mais il y a une mauvaise nouvelle : *trop* de graisse fait effectivement

Le pain complet freine l'action de l'insuline.

grossir, car chaque calorie apportée par la graisse dont notre corps n'a pas besoin est stockée en réserve dans le tissu adipeux. Réduire la quantité de graisse consommée est donc une bonne idée mais il ne faut pas la supprimer complètement.

Comme c'est le cas pour les glucides, il y a de grandes différences entre les lipides. Notre corps a même impérativement besoin de certaines graisses, également pour maigrir.

L'avocat est un fruit riche en bonnes graisses.

Les « bonnes » graisses

Les acides gras insaturés que notre organisme ne peut pas produire lui-même font partie des bonnes graisses. Ils se trouvent surtout dans les aliments d'origine végétale. Ces acides gras sont vitaux. Ils produisent, entre autres, des hormones qui assurent le bon déroulement de la digestion ainsi que

Acides gras mono-insaturés	Acides linoléiques	Acides gras poly-insaturés	Acides gras saturés
Huile d'olive	Huile de soja	Hareng	Graisse de coco
Huile d'arachide	Huile de maïs	Saumon	Beurre
Huile de colza	Huile de tournesol	Thon	Saindoux
		Maquereau	Fromage
		Huile de lin	Produits laitiers
		Huile de noix	Viande et charcuterie
			Nombreux plats cuisinés

les acides biliaires indispensables à la digestion des graisses. De plus, si vous couvrez les besoins en graisse de votre organisme avec de « bons » acides gras insaturés, vous ne ressentirez pas le besoin d'absorber des acides gras saturés malsains qui font grossir et n'apportent strictement rien.

Les « mauvaises » graisses

Il est préférable de renoncer aux acides gras saturés, présents essentiellement dans les produits d'origine animale comme la viande, la charcuterie, le fromage, le beurre et la crème car ils vont directement dans les dépôts graisseux. Toutefois, parmi les graisses animales, il y a aussi de « bons » acides gras comme les acides linoléiques contenus dans le yaourt ou le lait. Ils ont un effet préventif contre le cancer et les allergies et aident à rester mince. Là, vous n'avez pas besoin de vous rabattre sur les produits pauvres en matière grasse. Par contre, il faut absolument éviter les produits contenant des graisses hydrogénées qui n'existent pas dans la nature et ne se trouvent donc que dans les produits industriels car, avec la quantité d'acides gras trans qu'ils contiennent, ils peuvent même provoquer le cancer et augmenter le risque d'infarctus.

Une mauvaise association : lipides et glucides

Le plus souvent, vous ne consommez pas soit des lipides soit des glucides mais les deux au cours d'un repas. Un bon rôti avec un accompagnement comportant des glucides aura inévitablement des conséquences. L'accompagnement, riche en glucides, provoque un pic d'insuline. L'insuline se « précipite » sur la graisse du rôti et stocke instantanément la molécule de graisse dans les cellules graisseuses.

Un plat à ne servir que très rarement

Ce type de repas se répercute donc immédiatement sur les hanches. Mais si vous choisissez un accompagnement contenant des glucides à combustion lente qui ne provoquent qu'une faible sécrétion d'insuline, la graisse des cellules musculaires peut se transformer en énergie.

Protéines

Les protéines sont l'un des principaux composants de notre corps. Qu'il s'agisse des muscles, des nerfs, des organes, du système immunitaire ou des cheveux : tout est constitué de 22 acides aminés, les éléments constitutifs des protéines.

Les protéines font mincir
Les protéines sont une substance nutritive indispensable si vous voulez mincir étant donné que car la dégradation des protéines a besoin de l'énergie provenant des cellules graisseuses, à raison d'une kilocalorie pour quatre kilocalories de protéines. Dès lors, vous pensez qu'il vous suffit de ne plus manger que des protéines pour maigrir automatiquement. C'est vrai mais cet amaigrissement est malheureusement trompeur. Car, si vous absorbez essentiellement des protéines,

votre organisme adoptera le mécanisme métabolique de la cétose. Des corps cétoniques se forment, que le corps élimine par les voies naturelles. C'est positif sur la balance, mais pas sur les bourrelets de graisse qui ne s'effacent pas. Une fois encore, on constate que les régimes extrêmes, basés sur un déséquilibre alimentaire, ne sont pas sains et n'aboutissent pas à un succès durable.

Combiner les protéines
Mais alors, comment profiter des propriétés amincissantes des protéines ? La solution réside dans la combinaison de différents nutriments dont les effets se complètent. Si vous mangez des aliments avec de « bons » glucides – généralement ceux qui apportent beaucoup de vitamines, de minéraux et d'oligo-éléments vitaux – ceux-ci fournissent tout de suite tous les éléments dont le corps a besoin pour la dégradation des protéines et celles-ci peuvent alors être dégradées normalement par le biais des cellules graisseuses.

Les protéines ne sont pas toutes les mêmes
Comme vous pouvez le deviner, il y a différentes sortes de protéines. On

distingue essentiellement les protéines d'origine animale et celles d'origine végétale. De même que les animaux sont plus proches des hommes que des plantes, de même leurs protéines ressemblent davantage à celles des hommes et sont plus précieuses pour notre alimentation. Malheureusement, les protéines animales s'accompagnent la plupart du temps de graisses nocives pour la santé, tandis que les aliments contenant des protéines végétales apportent des fibres alimentaires saines. Il vaut donc mieux préférer les protéines végétales aux protéines animales et veiller en outre à ce que les aliments contenant des protéines animales soient peu gras. Vous pouvez augmenter le faible taux d'utilisation en combinant différentes sources de protéines, dont les acides aminés, c'est-à-dire la composition des protéines, se complètent. Par exemple, combinez de l'œuf avec des pommes de terre, des haricots avec du maïs et du lait avec de la farine de blé complète.

Les produits laitiers apportent beaucoup de protéines à l'organisme.

Les groseilles sont riches en vitamine C.

Vitamines, minéraux et oligo-éléments

Les vitamines, les minéraux et les oligo-éléments sont des composants des hormones et des enzymes, du système immunitaire et des globules sanguins et participent au métabolisme. De ce fait, ce sont d'importants régulateurs du stockage ou de la dégradation des graisses. Voici les plus importants :

La **vitamine C** joue un rôle central dans le métabolisme des graisses. Elle contribue à la production de la noradrénaline et de la carnitine, ces hormones qui favorisent la dégradation des graisses.

Le manque de **magnésium** se manifeste par des crampes musculaires très désagréables. Il faut alors absorber du magnésium car cette substance minérale est très importante pour la combustion des graisses. Elle régule l'approvisionnement en oxygène des cellules, ce qui influe sur la combustion des graisses.

Quant au **calcium,** non seulement il consolide les os mais il a également un effet amincissant : il favorise les enzymes digestives et draine l'organisme.

Le **chrome** intervient dans le métabolisme du glucose, dans la dégradation des protéines et la combustion des graisses. L'**iode** est un élément indispensable à la synthèse des hormones de la thyroïde. Si celle-ci n'est pas suffisamment approvisionnée en iode, elle ne peut pas produire assez d'hormones et tout fonctionne très lentement, y compris la dégradation des graisses.

Les hormones

Outre l'insuline et le glucagon, d'autres messagers du métabolisme interviennent dans le dépôt des graisses sur les hanches. L'**hormone de croissance** s'active la nuit. Une bonne heure après l'endormissement, elle est libérée par l'hypophyse dans le sang, d'où elle parvient au tissu adipeux dont elle mobilise la graisse. Elle est constituée de deux acides aminés, l'arginine et la lysine.

La **carnitine** est l'hormone qui transporte la graisse du sang dans les cellules où elle est convertie en énergie. Une carence en protéines peut rapidement entraîner une carence en carnitine.

La **noradrénaline,** comme l'adrénaline, est une hormone qui génère beaucoup d'énergie en cas de stress ; celle-ci provient des cellules graisseuses. Mais un stress permanent provoque l'effet inverse : les hormones demandent à ce que vous consommiez du sucré.

Principaux aliments brûleurs de graisse

Fruits

Tout le monde le sait : les fruits sont bons pour la santé. Mais les fruits sucrés aident-ils à mincir ? Oui, pour la plupart d'entre eux, car l'absorption du glucose est ralentie par les fibres. Mais attention avec les fruits très sucrés : les fibres ne peuvent pas compenser totalement la haute teneur en sucre.

L'**ananas** a certes un index glycémique élevé mais il renferme aussi de la broméline, une enzyme qui facilite la digestion des protéines, ainsi que de nombreux minéraux.

La pectine contenue dans la **pomme** régule la digestion, ralentit l'absorption du glucose et rassasie. La pomme contient beaucoup de vitamine C, du potassium et du magnésium.

Sa teneur en acide pantothénique fait de l'**abricot** un efficace brûle-graisses qui active la dégradation des graisses. Le béta-carotène protège en outre la peau et la rend fraîche.

Les abricots sont considérés comme de formidables brûle-graisses.

L'**avocat** contient de « bons » acides gras insaturés ainsi que du mannoheptulose, un hydrate de carbone faisant baisser activement la glycémie.

La **banane non (!) mûre** contient de l'amidon résistant qui est un précieux brûle-graisses.

La **poire** a un effet diurétique en raison de sa teneur en potassium élevée. Le bore, un oligo-élément, augmente le niveau de testostérone, ce qui est bénéfique pour les femmes, car elles sont alors plus actives.

De tous les fruits, c'est la **fraise** qui apporte le plus de manganèse, un oligo-élément nécessaire à la fonction thyroïdienne ; avec son potassium, elle exerce une action diurétique.

La **groseille** est la star des aliments brûleurs de graisse car elle contient beaucoup de vitamine C, du potassium, de l'acide pantothénique, du magnésium et du manganèse.

Le **kiwi** contient beaucoup de vitamine C qui contribue à la dégradation des graisses, ainsi que du calcium, du potassium et du fer.

La chair de la **mangue** a un effet stimulant sur la digestion et protège les cellules grâce à ses vitamines antioxydantes et à beaucoup de bêta-carotène.

La **papaye** apporte de grandes quantités d'enzymes qui divisent les protéines et en soutiennent la digestion.

La **prune,** et surtout le pruneau, ont un effet laxatif grâce à leur teneur en fibres alimentaires élevée.

Le kiwi, une véritable bombe de vitamine C

Les **champignons** ont un faible index glycémique mais une teneur en protéines élevée. Les pleurotes contiennent en outre du chitosan qui fixe les lipides et empêche leur absorption.

Les **fruits secs** sont une bonne solution quand on a envie de sucré. Les fruits avec une faible teneur en sucre mais beaucoup de fibres comme l'abricot et le pruneau abaissent le taux d'insuline ; en revanche, les fruits plus sucrés comme les raisins secs et les dattes ont un index glycémique élevé.

Les **agrumes** sont des brûle-graisses par excellence, car l'action de la vitamine C qu'ils renferment est démultipliée par les flavonoïdes présents en grande quantité. Les substances amères du pamplemousse réduisent l'appétit.

Légumes

Les légumes contiennent de nombreuses substances nécessaires pour vivre mais aussi pour maigrir : fibres, huiles essentielles, chlorophylle, substances végétales secondaires, vitamines, minéraux et oligo-éléments. Essayez d'en consommer un kilo par jour, avec votre repas principal, sous forme de jus, d'en-cas à grignoter ou en salade.

Les **algues** sont de formidables fournisseurs de fibres et de vitamines ; elles contiennent beaucoup d'iode, qui stimule le métabolisme par l'intermédiaire de la thyroïde.

La cynarine de l'**artichaut** contribue à purifier le foie et stimule la digestion.

L'**endive,** peu calorique, contient de l'intybine, une substance amère qui active la digestion et le métabolisme. Elle renferme de la vitamine C, du calcium, du magnésium, du fer et du potassium.

Les **légumes secs** contiennent beaucoup de fibres et de protéines. Le haricot renferme de la glucoquinine qui, comme l'insuline, fait baisser le taux de sucre dans le sang.

La pectine contenue dans la **carotte** rassasie rapidement. Mangez plutôt des carottes râpées car, cuites, celles-ci ont un index glycémique élevé.

Le **chou,** peu calorique, est ferme, ce qui oblige à mastiquer et rassasie plus

Les légumes contiennent des composants vitaux : profitez-en !

longtemps. Riche en vitamine C, il a une action amincissante et sa teneur en potassium élevée a un effet diurétique.

Le **poireau** contient beaucoup de fibres, mais aussi du calcium, de la vitamine C, du fer et du magnésium.

Le **radis noir** et les **radis** sont riches en calcium, potassium, vitamine C et oligo-éléments. Leurs huiles essentielles stimulent la digestion.

Le **céleri** active la digestion grâce à ses substances amères, ses hormones et ses huiles essentielles.

L'**asperge,** extrêmement pauvre en calories mais riche en acide folique, favorise l'élimination de l'eau.

La **tomate** contient beaucoup de potassium qui a un effet diurétique.

L'**oignon** est un remède miracle, car, grâce au potassium, au calcium, au fer, à l'iode, au sélénium et aux huiles essentielles, il fait baisser le taux de sucre dans le sang, dégrade les graisses, a un effet détoxifiant et calme les nerfs.

Céréales et pommes de terre

Grâce à leur teneur en fibres élevée, le **pain au blé ou au seigle complet,** le **pain de seigle au levain** et le **pumpernickel** (pain de seigle) font bien moins monter le taux d'insuline que le pain à base de farine blanche et le pain bis. Évitez de les beurrer et tartinez-les plutôt de fromage blanc à 0% M.G. C'est délicieux.

Les **flocons d'avoine** contiennent du magnésium, du fer et de la vitamine B. C'est un excellent stimulant psychique.

La graine de lin : essentielle à une alimentation saine

Avec leurs fibres, les **graines de lin** renforcent les muqueuses intestinales, ont un effet laxatif et ménagent l'insuline.

Lait et produits laitiers

Le **lait,** le **yaourt** et les autres **produits laitiers** dans leur teneur en matière grasse naturelle ne font pas grossir car leur acide linoléique conjugué aide à rester mince. Ils contiennent en outre des brûle-graisses comme le calcium, le magnésium et la taurine.

Le petit déjeuner idéal : des flocons d'avoine

Le **petit lait**, le **kéfir** et le **babeurre** apportent des protéines, mais sans les calories.

Le **fromage pauvre en matière grasse** contient beaucoup de calcium et peu de lipides. La **faisselle** et la **mozzarella** sont riches en protéines rassasiantes mais pauvres en matière grasse. La **cancoillotte** est un des fromages les moins gras et la vitamine B12 qu'elle contient stimule le métabolisme. Il vaut

mieux ne pas manger les fromages plus gras avec du pain, car cette combinaison de protéines et de glucides fait grossir.

Poissons et fruits de mer

Le **poisson** devrait figurer au menu une à deux fois par semaine, pas seulement parce que c'est un excellent brûle-graisses. Ses protéines activent la combustion des graisses et il fournit

Les points forts du poisson : beaucoup de protéines, d'iode et d'aminoacide

Les crustacés comme les crevettes contiennent peu de graisse.

l'aminoacide avec lequel le corps produit ces hormones minceur que sont la dopamine et la noradrénaline. Riche en iode, il stimule la thyroïde.

Le **cabillaud** notamment est peu gras et le **calmar** est pratiquement dépourvu de matière grasse.

Le **saumon** renferme beaucoup d'acides gras oméga 3, la **sardine** a une teneur en protéines élevée et le **maquereau** contient beaucoup de tyrosine.

Les **coquillages** et les **crustacés** ont une teneur élevée en zinc.

Viandes

Riche en protéines et en fer, la viande est un excellent brûleur de graisses mais seulement si l'on fait attention à sa teneur en graisse. La viande de bœuf, de mouton et de porc peut être très grasse. La viande blanche, comme la volaille ou le veau, est meilleure, car moins grasse.

L'**escalope de veau** est particulièrement maigre. Pour ce qui est de la charcuterie, le **jambon cuit** sans couenne, le **filet de porc ou de dinde fumé** sont des variantes moins riches en graisse.

La **poitrine de dinde** contient des protéines d'une grande valeur nutritive et, comme le **jambon cuit,** stimule la combustion des graisses.

Le **corned-beef** rassasie et atténue encore la faim.

Le **foie de bœuf** est riche en vitamines qui permettent une combustion optimale des nutriments.

Renoncez aux charcuteries, car elles contiennent beaucoup d'acides gras saturés. Oubliez les viandes braisées et panées ; comme elles sont préparées avec de la farine blanche, elles ont un index glycémique élevé.

Boissons

Les boissons jouent un rôle non négligeable sur le poids. Les boissons à base de cola, les limonades et les jus de fruits sucrés ont une forte teneur en sucre et sont généralement dépourvus de nutriments. La bière contenant du maltose a l'index glycémique le plus élevé. Ces boissons font grossir et sont donc à bannir.

L'**eau** est le désaltérant minceur par excellence. Bue à jeun, elle calme la faim et stimule le métabolisme. Vous pouvez renforcer cet effet coupe-faim en y ajoutant du jus de citron avec beaucoup de pulpe. Si vous buvez de l'eau minérale, veillez à ce que sa teneur en magnésium soit élevée.

Le **café** brûle les graisses et augmente la dépense énergétique.

Outre de nombreux minéraux, le **thé vert** contient des substances amères qui rassasient et aident à maigrir.

Le **thé noir** contient plus de chrome que n'importe quel autre aliment.

Le **maté** stimule le métabolisme et a un effet rassasiant.

En buvant des **jus de fruits et de légumes** fraîchement pressés, évidemment sans ajout de sucre,

Le thé vert est revigorant pour le corps et l'esprit.

Élixir de vie : l'eau et ses bienfaits minceur

vous fournirez à votre organisme une bonne dose de vitamines, de minéraux, d'oligo-éléments et de précieuses substances végétales secondaires.

Herbes et épices

Les herbes et les épices peuvent aussi être de bons **brûleurs de graisse :**

Le **piment** brûle des calories parce qu'il donne un coup de fouet aux ressources énergétiques grâce à la capsaïcine.

La **cannelle** réduit les besoins en insuline et atténue la faim.

La **sauge** favorise la digestion des graisses.

La **ciboulette** a un effet diurétique.

Aliments avec un index glycémique (IG) élevé

Ces aliments favorisent la production d'insuline et, par conséquent, le risque de prise de poids. Diminuez votre consommation d'aliments ayant un IG supérieur à 55 et ne les combinez surtout pas avec des aliments gras.

Fruits

Dattes séchées	105
Banane	70
Pastèque	70
Melon jaune	65
Raisins secs	65
Ananas	65
Figue séchée	60
Banane mûre	60
Papaye	58
Fruits en conserve	55

Légumes

Panais	95
Carottes cuites	85
Citrouille	75
Betterave rouge	65

Pommes de terre

Pommes de terre sautées	95
Frites	90
Pommes de terre au four	85
Gnocchis	70
Purée de pommes de terre	70
Pommes de terre à l'eau	70
Pommes de terre en robe des champs	60
Patates douces	60

Riz et pâtes

Riz pour risotto	113
Riz instantanée	85
Pâtes aux œuf	70
Riz blanc	70

Pain

Brezel	85
Petit pain pour Hamburger	85
Pain blanc	85
Pain de mie	75
Pain au blé complet	65
Pain bis	65

Produits à base de céréales

Pop-corn	85
Corn-flakes	85
Riz soufflé	85
Polenta	70
Muesli sucré	70
Couscous	65

Produits de boulangerie, de pâtisserie ou de biscuiterie

Donut	76
Viennoiserie	72
Croissant	70
Muffin	62

Aliments sucrées et en-cas

Glucose 100

Chips 98

Petits gâteaux salés 85

Ourson en gomme gélifiée 80

Glace avec gaufrette 80

Barre chocolatée 70

Chocolat au lait 70

Confiture / Gelée 65

Petits-beurre 55

Boissons

Bière 110

Jus de fruits sucrées 90

Boissons isotoniques 80

Limonade 70

Boissons à base de cola 70

Aliments avec un index glycémique (IG) faible

Viandes

Poitrine de dinde 1

Filet ou escalope de veau 1

Pain et céréales

Riz sauvage 35

Pâtes à base de farine complète 35

Pumpernickel 40

Flocons d'avoine 45

Riz étuvé 50

Pain complet ou pain de son 50

Légumes et légumes secs

Brocoli 15

Chou rouge 15

Aubergines 15

Courgettes 15

Fèves de soja 15

Carottes (crues) 30

Lentilles 30

Haricots rouges 40

Pois chiches 40

Fruits

Pamplemousse 25

Abricots 30

Figue 35

Orange 40

Pomme 40

Poire 40

Jus de fruit fraîchement pressé,
sans sucre 40

Produits laitiers

Lait 30

Produits à base
de lait entier 10–30

Brûleurs de graisse et ...

En décidant de profiter désormais des vertus brûle-graisses de tous ces aliments, vous donnez à votre organisme la possibilité de dégrader les graisses à long terme. Malheureusement, comme c'est le cas avec tous les régimes, il ne suffit pas de modifier son alimentation. Il faut que vous ayez une activité physique pour mincir et rester mince. Sinon vous allez perdre de la masse musculaire ; or, c'est dans les muscles que se logent les brûleurs de graisse. Vous devez veiller à un équilibre adéquat entre détente et activité et fournir régulièrement à votre corps ce dont il a besoin. C'est à peu près tout ce que vous devez faire pour vous sentir mieux, plus léger/légère et plein(e) d'entrain.

Faites du sport !

... activité physique

D'abord la bonne nouvelle : vous n'avez pas besoin de vous éreinter pour mincir. Il faut bien sûr bouger, mais modérément, et l'activité sportive doit surtout rester un plaisir. En fait, en disputant un match de tennis, en sprintant ou en pratiquant l'haltérophilie, vous vous dépensez et transpirez beaucoup, mais vos bourrelets n'en ont cure. Car, en cas d'effort extrême, votre corps souffre d'un manque d'oxygène et va puiser son énergie, non pas dans les graisses, mais dans les hydrates de carbone.

Et quelle est la mauvaise nouvelle ? Et bien, il n'y en a pas, à moins que vous ne soyez absolument allergique à toute activité physique et que le simple déplacement du canapé au réfrigérateur vous fatigue. Comme vous n'en êtes pas encore là, il ne vous sera donc pas difficile de prévoir 30 minutes d'activité physique par jour pour vous sentir bien. Cela ne doit pas nécessairement être du sport ;

Dormir suffisamment active la dégradation des graisses.

monter les escaliers, travailler dans la maison ou dans le jardin peuvent également faire fondre les kilos superflus. Veillez seulement à ne pas vous épuiser trop ; vous devez rester en-deçà du pouls d'entraînement, car c'est alors que votre corps brûle des graisses, même dans les phases de repos. Parallèlement, le taux d'insuline baisse. Vous y parviendrez facilement avec des activités telles que la marche rapide, le jogging, le vélo et le roller.

... beaucoup de sommeil, peu de stress

Un emploi du temps régulier est bon pour la ligne. Cela ne veut pas dire que vous deviez planifier chaque journée de façon rigide. Mais vous devez veiller à dormir suffisamment : l'effet brûle-graisses de l'hormone de croissance peut alors se manifester. Essayez aussi de réduire votre stress et de passer à la vitesse inférieure. Le stress permanent fait grossir car il exacerbe l'envie de sucreries.

... repas réguliers

N'attendez jamais d'être assailli(e) de fringales qui vous forceraient à vous gaver d'aliments malsains. Mangez régulièrement trois, voire cinq repas quotidiens, et ne croyez pas que des repas fréquents vous feront grossir. Au contraire : en stabilisant ainsi le taux de glycémie dans le sang, vous ne risquez pas de faire grimper le taux d'insuline qui, lui, fait grossir les hanches.

Commencez dès à présent !

Tout cela vous a donné faim ? C'est formidable ! Les recettes qui suivent vous donnent des idées de repas tous plus variés les uns que les autres parmi lesquels vous pouvez choisir comme bon vous semble et surtout, sans mauvaise conscience.

Petit déjeuner – pour démarrer en forme

Muesli aux pommes
pour bien commencer la journée

Pour 4 personnes

4 petites pommes
3 c.s. de jus de citron
120 g de gros flocons d'avoine
4 c.c. de miel
1 kg de kéfir
2 oranges

Temps de préparation : 5 minutes
Par portion : 402 kcal / 1 690 kJ
P : 14 g, L : 7 g, G : 74 g

1 Laver les pommes, les épépiner ; les râper grossièrement sans les peler et les mettre dans des bols. Les asperger immédiatement de jus de citron.

2 Mélanger les pommes, les flocons d'avoine et le miel. Napper de kéfir.

3 Peler les oranges, les couper en rondelles et répartir celles-ci sur le muesli.

Muesli

aux poires

1 Faire griller les graines de tournesol à sec dans une poêle. Laver, sécher, parer, peler, épépiner et couper les poires en dés.

2 Puis répartir les flocons de céréales dans 4 coupes, ajouter les dés de poires et napper le tout de miel. Verser le lait et parsemer des graines de tournesol.

Pour 4 personnes

4 c.s. de graines de tournesol
4 poires
12 c.s. de flocons de céréales
4 c.s. de miel
600 à 700 ml de lait

Temps de préparation : 10 minutes
Par portion : 260 kcal / 1 092 kJ
P : 8 g, L : 8 g, G : 38 g

Verrines de muesli,
fruit et yaourt

Pour 4 personnes

Resp. 100 g de chair d'abricot, de mangue et de pêche

40 g de rondelles de pommes séchées

25 g de cerises séchées

450 ml de jus de pomme sans sucre

6 capsules de cardamome

6 clous de girofle

1 bâton de cannelle

300 g de yaourt nature

100 g de muesli croustillant sans sucre

Un peu de muesli et des quartiers de fruits secs pour la décoration

Temps de préparation : 30 minutes
(Temps de cuisson et de refroidissement en sus)
Par portion : 260 kcal / 1 092 kJ
P : 7 g, L : 2 g, G : 48 g

1 Mettre la chair d'abricot, de mangue et de pêche dans une casserole avec les rondelles de pommes séchées. Verser le jus de pomme, incorporer les épices et chauffer le tout. Porter le mélange à ébullition, le laisser frémir 15 minutes jusqu'à ce que les fruits soient tendres. Laisser refroidir dans la casserole.

2 Retirer les épices, réduire la compotée de fruits en purée et la mettre au frais pendant environ 1 heure. Remplir des verrines avec successivement le yaourt, le muesli croustillant et la purée de fruits. Parsemer de muesli et garnir de quartiers de fruits secs.

Lait caillé et purée d'abricot

Pour 3 à 4 personnes

2 pommes
2 c.c. de jus de citron
250 g de lait caillé
200 g d'abricots mûrs
100 g de miel
Quelques feuilles de mélisse
Lamelles de pommes

Temps de préparation : 20 minutes
Par portion : 131 kcal/553 kJ
P : 2 g, L : 1 g, G : 28 g

1 Éplucher, épépiner et râper les pommes. Les asperger de jus de citron et les mélanger avec le lait caillé.

2 Laver, couper en deux et dénoyauter les abricots avant de préparer la purée. Incorporer le miel et réduire en purée. Ajouter quelques feuilles de mélisse à la purée d'abricots.

3 Verser le lait caillé dans des bols et compléter par la purée d'abricots. Garnir de feuilles de mélisse et de lamelles de pommes.

Porridge

aux amandes et sirop d'érable

Pour 4 personnes

625 ml de jus de pomme
sans sucre

½ c.c. de cannelle en poudre

1 pincée de sel

140 g de flocons d'avoine

70 g d'airelles séchées

4 c.s. de sirop d'érable

70 g d'amandes hachées

Temps de préparation : 15 minutes
(Temps de cuisson en sus)
Par portion : 317 kcal / 1327 kJ
P : 6 g, L : 9 g, G : 47 g

1 Dans un faitout, porter à ébullition le jus de pomme additionné de 125 ml d'eau avec la cannelle et le sel. Ajouter les flocons d'avoine, les airelles et le sirop d'érable et mélanger le tout. Porter le mélange à ébullition et le laisser frémir 10 minutes en remuant.

2 Incorporer les amandes hachées avant de servir.

Fromage blanc au miel
et aux amandes

Pour 4 personnes

400 g de fromage blanc
à 0 % M.G.

125 ml de lait

2 c.s. de miel

Zeste râpé d'une moitié de
limette non traitée

2 c.s. d'amandes en poudre

1 pincée de vanille en poudre

3 c.s. de crème liquide

Temps de préparation : 15 minutes
Par portion : 156 kcal / 655 kJ
P : 15 g, L : 5 g, G : 10 g

1 Mélanger le fromage blanc, le lait, le miel et le zeste de limette râpé pour obtenir un mélange crémeux.

2 Incorporer les amandes ainsi que la vanille en poudre. Monter la crème en chantilly et l'ajouter au fromage blanc. Servir sans attendre.

Petit déjeuner
aux fraises et au cottage

1 Faire dorer les flocons d'avoine dans une poêle avec de l'huile sans cesser de remuer. Puis les verser dans une assiette et les laisser refroidir.

2 Laver, éponger, équeuter et couper les fraises en quartiers. Mélanger le cottage et les flocons d'avoine et répartir dans des coupelles. Ajouter les fraises avant de servir.

Pour 4 personnes

80 g de gros flocons d'avoine
1 c.s. d'huile de tournesol
400 g de fraises
400 g de cottage

Temps de préparation : 10 minutes
(Temps pour griller en sus)
Par portion : 125 kcal/525 kJ
P : 15 g, L : 2 g, G : 10 g

Babeurre froid

aux pêches

Pour 4 personnes

500 ml de babeurre
300 g de yaourt nature
4 c.s. de flocons d'avoine instantanés
4 c.s. de miel
2 pêches
250 g de framboises
4 brins de menthe

Temps de préparation : 10 minutes
Par portion : 240 kcal / 1 004 kJ
P : 9 g, L : 4 g, G : 37 g

1 Fouetter au batteur électrique le babeurre, le yaourt, les flocons d'avoine et le miel dans un saladier pour obtenir un mélange onctueux. Trier les framboises, les passer rapidement sous l'eau froide et les éponger.

2 Laver, éponger, couper en deux et dénoyauter les pêches. Ensuite, couper les oreillons en petits dés.

3 Répartir le mélange au babeurre dans 4 raviers. Répartir dessus les framboises et les dés de pêches. Laver, éponger et effeuiller la menthe. Garnir le babeurre froid de feuilles de menthe avant de servir.

Boisson ACE
à la purée d'amande

Pour 4 personnes

2 pêches
6 oranges non traitées
200 ml de jus de poire
sans sucre
2 c.s. de purée d'amande bio

Temps de préparation : 15 minutes
Par portion : 208 kcal / 874 kJ
P : 3 g, L : 3 g, G : 38 g

1 Laver les pêches, les ébouillanter brièvement, les peler, les dénoyauter et couper la chair en dés.

2 Presser 5 oranges ; laver, éponger et couper la 6e en rondelles. Réduire en purée les dés de pêches, le jus d'orange, le jus de poire et la purée d'amande. Verser la boisson dans 4 verres et les garnir de rondelles d'orange avant de servir.

Shake

aux myrtilles

1 Trier, laver et égoutter les myrtilles dans une passoire. Les équeuter si besoin est. Puis les réduire en purée, au mixeur, avec le kéfir.

2 Incorporer les germes de blé et les flocons d'avoine et sucrer le tout éventuellement avec du miel. Verser le shake dans 4 verres et servir avant que les flocons d'avoine ne gonflent.

Pour 4 personnes

400 g de myrtilles
750 g de kéfir
4 c.s. de germes de blé
4 c.s. de flocons d'avoine
Miel selon les goûts

Temps de préparation : 15 minutes
Par portion : 166 kcal / 697 kJ
P : 9 g, L : 4 g, G : 18 g

Smoothie de pamplemousse

Pour 4 personnes

100 g de fraises (fraîches ou surgelées)

4 pamplemousses roses

2 bananes, pas trop mûres

300 g de yaourt nature

2 c.s. de flocons d'avoine instantanés

2 c.s. de sirop de fraise

Temps de préparation : 15 minutes
Par portion : 179 kcal/748 kJ
P : 7 g, L : 1 g, G : 33 g

1 Laver, éponger et trier les fraises fraîches. Peler à vif les pamplemousses. Détacher les suprêmes, épépiner et recueillir le jus. Presser les membranes pour en extraire le jus.

2 Éplucher les bananes, les couper en rondelles, les mettre dans un mixeur avec les fraises, les suprêmes et le jus de pamplemousse. Ajouter le yaourt, les flocons d'avoine et le sirop de fraise. Bien mixer le tout et servir le boisson sans attendre.

Smoothie de carottes

1 Laver et éponger les pommes et les carottes. Couper les pommes en quartiers et les épépiner ; éplucher, parer et couper les carottes en morceaux. Réduire le tout en purée au mixeur.

2 Ajouter le sirop d'érable et le jus de citron, si possible fraîchement pressé. Allonger de jus de pomme jusqu'à ce que le smoothie ait une texture onctueuse. Ajouter des glaçons selon les goûts et servir sans attendre.

Pour 4 personnes

4 pommes acides
4 carottes
2 c.c. de sirop d'érable
2 c.s. de jus de citron
Jus de pomme pour allonger, sans sucre
Glaçons

Temps de préparation : 10 minutes
Par portion : 149 kcal / 624 kJ
P : 1 g, L : 0 g, G : 36 g

Œufs brouillés au saumon

Pour 4 personnes

8 œufs

2 c.s. de sauce de soja

Poivre de Cayenne

2 c.s. d'aneth fraîchement haché

3 ciboules

200 g de saumon fumé

3 c.s. d'huile de colza

Feuilles de coriandre pour la décoration

Temps de préparation : 15 minutes
(Temps de cuisson en sus)
Par portion : 317 kcal / 1 331 kJ
P : 26 g, L : 19 g, G : 7 g

1 Battre les œufs avec la sauce de soja, le poivre de Cayenne et l'aneth fraîchement haché. Laver, sécher, parer et émincer les ciboules. Tailler le saumon en lanières.

2 Chauffer l'huile dans une poêle et y faire revenir les ciboules. Verser les œufs battus et les lanières de saumon et faire cuire jusqu'à ce que les œufs commencent à prendre.

3 Garnir les œufs brouillés de feuilles de coriandre avant de servir. Accompagner de pain complet frais.

Tartinade de fromage frais **aux olives**

1 Mélanger le fromage frais et le yaourt dans un saladier pour obtenir un mélange onctueux. Hacher les olives, éplucher et hacher finement la gousse d'ail ; incorporer ces ingrédients au fromage frais. Laver le basilic, l'essorer et hacher les feuilles. Les incorporer également au fromage frais et poivrer le tout.

2 Faire griller à sec les graines de sésame dans une poêle et les piler avec une pincée de sel dans un mortier. Incorporer à la tartinade. Accompagner de pain multicéréales.

Pour 4 personnes

125 g de fromage frais
à 0 % M.G.

75 g de yaourt nature

80 g d'olives noires
dénoyautées

1 gousse d'ail

1 botte de basilic

Poivre

1 c.c. de graines de sésame

Sel de mer

Temps de préparation : 15 minutes
(Temps pour griller en sus)
Par portion : 222 kcal / 932 kJ
P : 5 g, L : 19 g, G : 7 g

Crêpes complètes
aux fruits

Pour 4 personnes

100 g de farine de froment
intégrale
250 ml de lait demi-écrémé
3 œufs
3 c.s. de miel
1 pincée de sel
1 c.s. d'huile de tournesol
3 c.s. de beurre
1 c.s. de sucre
200 g de rhubarbe
100 g de yaourt nature
Lait entier
100 g de framboises

Temps de préparation : 30 minutes
Par portion : 111 kcal / 466 kJ
P : 5 g, L : 3 g, G : 14 g

1 Mettre la farine intégrale, le lait, les œufs, le miel et 1 pincée de sel dans un saladier et mélanger le tout pour obtenir une pâte homogène. Incorporer l'huile en dernier lieu. Dans une poêle, chauffer du beurre. Il faut 2 c.s. pour faire 6 à 8 crêpes. Utiliser du papier absorbant pour éliminer l'excédent de graisse et garder les crêpes au chaud.

2 Faire fondre le restant de beurre dans une poêle et y faire caraméliser le sucre en remuant. Laver, éponger, éplucher et couper la rhubarbe en morceaux et mettre ceux-ci dans la poêle. Verser 100 ml d'eau et faire cuire la rhubarbe 15 minutes jusqu'à ce qu'elle soit tendre. Puis délayer le yaourt avec plusieurs cuillerées à soupe de lait entier. Verser le yaourt sur la rhubarbe.

3 Trier, laver et éponger les framboises. Les verser dans la poêle et les chauffer avec précaution. Répartir les fruits sur les crêpes, replier celles-ci et les servir chaudes.

Purée de fruits

Pour 4 personnes

150 g de fraises
150 g de framboises
150 g de miel toutes fleures
2 c.c. de zeste râpé d'1 citron non traité
20 g de pistaches hachées

Temps de préparation : 15 minutes
Par portion : 171 kcal/718 kJ
P : 1 g, L : 1 g, G : 33 g

1 Trier et laver les fraises et les framboises et les égoutter.

2 Verser les fruits avec le miel dans un mixeur et les réduire en purée.

3 Incorporer le zeste de citron et les pistaches à la purée de fruits.

Marmelade d'abricots
à la mélisse

1 Laver, éponger, dénoyauter et réduire les abricots en purée. Rincer et essorer la mélisse, détacher et ciseler les feuilles.

2 Mélanger 50 g de purée de fruits avec le sirop d'érable, l'agar-agar, les feuilles de mélisse et le jus de citron.

3 Porter le restant de purée d'abricot à ébullition et incorporer le mélange contenant l'agar-agar. Cuire 2 minutes à gros bouillons, puis remplir immédiatement des pots rincés à l'eau bouillante munis d'un couvercle à vis. Laisser refroidir les pots.

Pour 3 à 4 pots

500 g d'abricots
10 feuilles de mélisse
3 c.s. de sirop d'érable
2 c.c d'agar-agar
Jus d'une moitié de citron

Temps de préparation : 20 minutes
(Temps de cuisson et de
refroidissement en sus)
Par portion (de 20 g) : 91 kcal/382 kJ
P : 2 g, L : 1 g, G : 18 g

En-cas minceur

Dip et crudités

Pour 3 à 4 personnes

2 céleris en branches

2 courgettes

1 poivron rouge

½ concombre

4 carottes

2 endives

Dip

80 g de crème légère

2 c.s. de jus de citron

2 c.s. de raifort fraîchement râpé

1 c.c. de miel

Sel de mer

Poivre

2 c.s. d'un mélange d'herbes fraîchement hachées

Temps de préparation : 20 minutes
Par portion : 172 kcal / 722 kJ
P : 5 g, L : 8 g, G : 16 g

1 Éplucher les carottes et le concombre, épépiner le poivron, parer et laver les légumes puis les tailler en petits bâtonnets. Couper les endives en deux et retirer le cœur amer. Détacher les feuilles.

2 Pour obtenir un dip onctueux, mélanger la crème légère et le jus de citron puis incorporer le raifort et le miel. Saler et poivrer et parsemer d'herbes hachées.

Crudités

aux pommes

1 Éplucher et couper les choux-raves en fines lamelles. Laver, éplucher et épépiner les pommes, détailler la chair en fines tranches. Mélanger les choux-raves et les pommes dans un saladier, presser le citron et ajouter le jus.

2 Mélanger le fromage blanc, le jus d'orange, un peu de sel, du poivre, 1 pincée de noix muscade et l'huile d'olive et verser sur les crudités. Éparpiller les tronçons de ciboulette avant de servir.

Pour 4 personnes

2 choux-raves

3 pommes

1 citron

300 g de fromage blanc à 0 % M.G.

Jus d'une moitié d'orange

Sel de mer

Poivre

Noix muscade

2 c.s. d'huile d'olive

2 c.s. de ciboulette en tronçons pour la décoration

Temps de préparation : 20 minutes
Par portion : 154 kcal/647 kJ
P : 12 g, L : 3 g, G : 17 g

Cœurs d'artichauts
à la sauce tomate

Pour 4 personnes

800 g de tomates
3 c.s. d'huile d'olive
1 gousse d'ail
4 c.s. de concentré de tomates
Sel de mer
Poivre
16 cœurs d'artichauts
(en bocal)
1 c.s. de cerfeuil fraîchement
haché

Temps de préparation : 20 minutes
(Temps de cuisson en sus)
Par portion : 84 kcal / 353 kJ
P : 3 g, L : 4 g, G : 7 g

1 Laver les tomates, les inciser en croix après avoir ôté les pédoncules, les ébouillanter, les peler, les épépiner puis les concasser.

2 Chauffer l'huile dans une sauteuse. Éplucher et hacher finement la gousse d'ail, la faire revenir dans l'huile chaude. Ajouter les tomates concassées et écraser la préparation. Délayer le concentré de tomates, saler un peu et poivrer.

3 Égoutter les cœurs d'artichauts, les verser dans la sauce tomate et laisser mijoter 10 minutes à couvert. Faire réduire jusqu'à l'obtention d'une sauce onctueuse et parsemer de cerfeuil. Accompagner de petits pains complets frais.

Petits pains

aux radis, avocats et tomates

1 Couper le petit pain en deux. Mélanger le fromage blanc et le coulis de tomate et en enduire les deux moitiés du petit pain. Couper l'avocat en lamelles et les asperger de jus de citron.

2 Garnir la moitié inférieure de rondelles de concombre et de tomate et de lamelles d'avocat. Hacher les radis et les répartir dessus avec le persil. Couvrir avec l'autre moitié.

Pour 1 petit-pain

1 petit pain complet

15 g de fromage blanc à 20 % M.G.

1 c.s. de coulis de tomates

¼ d'avocat

1 c.c. de jus de citron

3 rondelles de concombre

2 rondelles de tomate

2 radis

1 c.s. de persil fraîchement ciselé

Temps de préparation : 10 minutes
Par portion : 685 kcal/2877 kJ
P : 10 g, L : 55 g, G : 35 g

Raita de concombre

Pour 4 personnes

1 concombre

150 g de crème épaisse
à 10 % M.G.

250 g de yaourt nature

2 c.s. de crème légère

½ botte de coriandre

½ botte de menthe

2 piments verts

1 piment rouge

Sel de mer

Poivre

Resp. 1 c.s. de graines de
cumin, de moutarde, de
coriandre et de cumin noir

Coriandre et menthe pour
la décoration

Temps de préparation : 25 minutes
(Temps de macération en sus)
Par portion : 108 kcal / 539 kJ
P : 4 g, L : 9 g, G : 6 g

1 Laver, sécher et parer le concombre et couper la chair en dés.

2 Mélanger la crème épaisse, le yaourt et la crème légère et ajouter ce mélange aux dés de concombre. Laver, sécher et hacher finement les feuilles de coriandre et de menthe puis les incorporer au mélange précédent. Laver les piments, les couper dans le sens de la longueur, les épépiner, les couper en lanières et les ajouter à la préparation. Saler et poivrer le tout et laisser les ingrédients s'imprégner les uns des autres 20 minutes au réfrigérateur.

3 Faire griller à sec les ingrédients restants dans une poêle jusqu'à ce que les graines dégagent leur arôme et éclatent. Répartir les graines sur la raita de concombre et la garnir de feuilles de coriandre et de menthe avant de servir.

Petits pavés d'épeautre
au poireau

1 Porter à ébullition le gruau d'épeautre dans le bouillon de légumes, retirer du feu et laisser gonfler 10 minutes.

2 Éplucher et hacher l'oignon et la gousse d'ail. Laver, parer et émincer finement le poireau. Chauffer 1 c.s. d'huile de colza. Faire revenir l'oignon, l'ail et le poireau en remuant.

3 Mélanger le poireau, l'épeautre, les œufs, le curry, le sel et le poivre et malaxer pour obtenir une pâte homogène. Former 8 pavés avec cette pâte et les faire dorer des deux côtés dans le restant d'huile de colza.

Pour 4 personnes

200 g de gruau d'épeautre
400 ml de bouillon
de légumes
1 oignon
1 gousse d'ail
1 poireau
2 c.s. d'huile de colza
2 œufs
½ c.c. de curry en poudre
Sel de mer
Poivre

Temps de préparation : 20 minutes
(Temps de trempage et de cuisson
en sus)
Par portion : 127 kcal / 533 kJ
P : 5 g, L : 3 g, G : 17 g

En-cas minceur 67

Crevettes à l'ail

et au piment

Pour 4 personnes

5 gousses d'ail

½ botte de persil

24 grosses crevettes décortiquées

3 c.s. d'huile d'olive

1 piment rouge séché

100 ml de bouillon de légumes

24 piques en bois

Temps de préparation : 10 minutes
(Temps de cuisson en sus)
Par portion : 695 kcal / 2 919 kJ
P : 122 g, L : 20 g, G : 6 g

1 Préchauffer le four à 200 °C. Éplucher et hacher finement l'ail. Laver le persil, l'essorer et le ciseler finement. Laver et égoutter les crevettes après avoir éventuellement retiré l'intestin.

2 Chauffer l'huile d'olive et y faire revenir l'ail. Émietter le piment et l'ajouter à l'ail. Compléter avec le persil et le faire revenir 2 minutes en remuant.

3 Ajouter après les crevettes et mouiller avec le bouillon de légumes. Faire cuire 15 minutes au four à 200 °C. Enfoncer une pique en bois dans chaque crevette et servir avec le jus de cuisson.

Muffins complets
au thon et à la courgette

1 Nettoyer et émincer les ciboules. Égoutter et émietter le thon. Parer et râper finement la courgette.

2 Mélanger la farine, la levure, le sel, le poivre et les ciboules. Mélanger séparément les ingrédients restants et réunir les deux mélanges.

3 Verser la pâte dans 8 collerettes à muffin et cuire 20 minutes au four préchauffé à 180 °C (chaleur tournante 160 °C).

Pour 4 personnes

4 ciboules
100 g de thon (en conserve)
½ courgette
100 g de farine complète
2 c.c. de levure chimique
Sel de mer
Poivre
2 œufs
30 g de beurre
40 g de crème légère
8 collerettes à muffin

Temps de préparation : 20 minutes
(Temps de cuisson en sus)
Par portion : 335 kcal / 1 407 kJ
P : 12 g, L : 21 g, G : 23 g

Carpaccio de bœuf

Pour 4 personnes

300 g de filet de bœuf sans gras ni tendons

1 céleri en branches

2 c.s. de jus de citron

6 c.s. d'huile d'olive

Sel cristallisé

Poivre

40 g de parmesan
ou de Grana padano

Temps de préparation : 20 minutes
(Temps de congélation
et de macération en sus)
Par portion : 260 kcal / 1 092 kJ
P : 19 g, L : 19 g, G : 2 g

1 Faire givrer le filet de bœuf 1 heure au freezer. Puis le couper en très fines tranches.

2 Parer et laver le céleri, couper la partie supérieure en petits dés. Mélanger le jus de citron, l'huile et le sel et les émulsionner à la fourchette.

3 Dresser les tranches de bœuf sur une assiette, donner quelques tours de moulin à poivre. Puis verser la sauce.

4 Couvrir le carpaccio d'un film alimentaire, le placer au réfrigérateur et attendre 30 minutes que les ingrédients s'imprègnent les uns des autres. Puis parsemer de copeaux de fromage et répartir les dés de céleri.

Carpaccio de thon
aux câpres

1 Laver et éponger le thon ; le mettre dans un sachet congélation et le placer 2 heures au freezer pour qu'il soit ferme et facile à couper.

2 Puis éplucher et hacher finement l'échalote. Fouetter l'huile d'olive, le vinaigre de xérès, le sel et le poivre. Ajouter l'échalote et les câpres égouttées.

3 Couper le thon givré en très fines tranches. Dresser celles-ci sur 4 assiettes et les asperger de sauce. Servir avec de la baguette complète toastée.

Pour 4 personnes

350 g de thon frais
1 échalote
2 c.s. d'huile d'olive
1 c.c. de vinaigre de xérès
Sel de mer
Poivre noir
3 c.c. de petites câpres

Temps de préparation : 10 minutes
(Temps de congélation en sus)
Par portion : 280 kcal / 1 176 kJ
P : 20 g, L : 20 g, G : 3 g

Rouleaux de saumon fumé
et lamelles de carottes

Pour 4 personnes

8 tranches de saumon fumé
(de 30 g chacune)

1 c.s. de moutarde

1 c.s. de miel

Poivre du moulin

1 botte d'aneth

4 feuilles de salade iceberg

1 carotte

1 morceau de raifort frais
(d'1 cm)

1 c.s. de jus de citron

Cresson de jardin et rondelles
de citron pour la décoration

Temps de préparation : 15 minutes
Par portion : 131 kcal / 551 kJ
P : 13 g, L : 4 g, G : 10 g

1 Étaler les tranches de saumon côte à côte sur un plan de travail. Dans un saladier, mélanger la moutarde, le miel et un peu de poivre.

2 Laver l'aneth, l'essorer et le hacher finement. Ajouter l'aneth à la sauce à la moutarde. En enduire les tranches de saumon.

3 Laver et essorer les feuilles de salade. Enlever les côtes et couper les feuilles en deux dans le sens de la longueur. Déposer les tranches de saumon sur les feuilles de salade et rouler.

4 Laver et parer les carottes. Les détailler en fines lamelles à l'aide d'un éplucheur. Disposer les lamelles de carottes et dresser les rouleaux de saumon.

5 Râper dessus le raifort frais et asperger le tout de jus de citron. Garnir de cresson et de rondelles de citron avant de servir.

Tomates
à la mozzarella de bufflonne

Pour 4 personnes

4 grosses tomates
300 g de mozzarella
de bufflonne
1 botte de basilic
Sel cristallisé
Poivre
4 c.s. d'huile d'olive

Temps de préparation : 20 minutes
Par portion : 305 kcal / 1 282 kJ
P : 15 g, L : 26 g, G : 3 g

1 Laver les tomates et les couper en rondelles après avoir ôté les pédoncules.

2 Égoutter la mozzarella et la couper également en tranches. Laver, essorer et effeuiller le basilic. Dresser sur un grand plat les rondelles de tomate et de mozzarella en alternant et déposer une feuille de basilic sur chaque rondelle de mozzarella.

3 Saler la salade et donner quelques tours de moulin à poivre. Ajouter l'huile d'olive.

Rouleaux de jambon aux asperges

1 Laver et éplucher les asperges, couper les extrémités et faire cuire les asperges 20 minutes dans de l'eau bouillante salée. Verser l'eau de cuisson et égoutter.

2 Enrouler deux asperges dans une tranche de jambon cuit. Ficeler les huit rouleaux avec les brins de ciboulette. Accompagner les rouleaux de jambon aux asperges de fromage blanc aux fines herbes fait maison.

Pour 4 personnes

1 kg d'asperges blanches
Sel
8 tranches de jambon cuit
Brins de ciboulette
pour la décoration

Temps de préparation : 15 minutes
(Temps de cuisson en sus)
Par portion : 91 kcal / 382 kJ
P : 17 g, L : 3 g, G : 6 g

Boisson énergisante
aux légumes

Pour 4 personnes

1 botte d'aneth
1 concombre
400 ml de jus de tomates
200 ml de jus de carottes
1 c.s. d'huile d'olive
Tabasco pour relever
l'assaisonnement

Temps de préparation : 10 minutes
Par portion : 61 kcal / 256 kJ
P : 2 g, L : 3 g, G : 6 g

1 Laver et essorer l'aneth. En réserver quelques brins. Effeuiller et hacher finement les brins restants. Laver, éplucher, épépiner et couper le concombre en gros cubes. Réserver quelques rondelles épaisses pour la décoration.

2 Réduire en purée les cubes de concombre, les jus de tomates et de carottes et l'huile d'olive. Assaisonner la boisson de Tabasco et la verser dans 4 verres. Décorer avec l'aneth et les rondelles de concombre.

Smoothie de concombre
rafraîchissant

1 Laver et éplucher le concombre. L'évider à la petite cuillère. Laver, parer et éponger le poivron. Laver et parer la ciboule. Couper le tout en morceaux.

2 Mettre tous les ingrédients dans le mixeur, à l'exception de la glace pilée, et mixer jusqu'à l'obtention de la consistance voulue. Puis placer au moins 30 minutes au freezer.

3 Répartir le smoothie dans les 4 verres, compléter avec la glace pilée et mélanger. Servir sans attendre.

Pour 4 personnes

1 concombre
1 poivron rouge
1 ciboule
2 verres de jus de tomates
6 c.c. de jus de citron
½ c.c. de sel marin
½ c.c. de poivre du moulin
½ c.c. de Tabasco
Un peu de glace pilée

Temps de préparation : 15 minutes
(Temps de congélation en sus)
Par portion : 41 kcal / 168 kJ
P : 2 g, L : 0 g, G : 8 g

Kéfir à la tomate
et à la ciboulette

Pour 4 personnes

600 ml de kéfir

400 g de purée de tomates

4 c.c. de jus de citron

4 c.s. de ciboulette en tronçons

Poivre

Sel de mer

Un peu d'ail en poudre

Tomates cerises et basilic pour la décoration

Temps de préparation : 10 minutes
Par portion : 127 kcal / 531 kJ
P : 7 g, L : 5 g, G : 12 g

1 Mixer au mixeur le kéfir, la purée de tomates, le jus de citron et la ciboulette. Saler, poivrer et assaisonner d'ail en poudre.

2 Verser le smoothie dans des verres décoratifs et garnir de tomates cerises et de basilic avant de servir.

Smoothie d'avocat

1 Peler, couper en deux et dénoyauter les avocats. Couper la chair en cubes et l'asperger de jus de citron.

2 Laver, essuyer, parer et couper les poivrons en dés. Mettre les avocats, les poivrons, le maïs, le fromage blanc, les graines de tournesol et la glace dans un mixeur.

3 Mixer longuement et saler un peu le smoothie. Servir sans attendre.

Pour 4 personnes

2 avocats mûrs
2 c.s. de jus de citron
2 petits poivrons jaunes
100 g de maïs cuit
200 g de fromage blanc
à 0 % M.G.
4 c.c. de graines de tournesol
120 g de glace pilée
Un peu de sel de mer

Temps de préparation : 10 minutes
Par portion : 313 kcal / 1309 kJ
P : 14 g, L : 17 g, G : 24 g

Soupes et salades pour la forme

Minestrone au pesto

Pour 4 personnes

1,5 l de bouillon de légumes
3 aubergines
100 g de courgettes
1 chou de Milan
50 g de citrouille
4 tomates
100 g de haricots verts
3 pommes de terre
150 g de haricots blancs
30 g de bolets séchés
2 c.s. d'huile d'olive
100 g de riz non décortiqué
100 g de pesto
Sel de mer
Poivre

Temps de préparation : 35 minutes
Par portion : 343 kcal / 1436 kJ
P : 16 g, L : 7 g, G : 58 g

1 Porter le bouillon de légumes à ébullition dans un faitout. Couper les aubergines et les courgettes en dés, détailler le chou de Milan en petits morceaux, éplucher et couper la citrouille en dés et concasser finement les tomates. Parer et couper les haricots verts en petits morceaux, éplucher et couper les pommes de terre en dés.

2 Verser les haricots blancs et les légumes dans le bouillon en ébullition. Ajouter les bolets coupés en petits morceaux, après les avoir fait tremper, ainsi que l'huile. Faire cuire la soupe 20 minutes, puis ajouter le riz et compter encore 20 minutes de cuisson. Avant de servir, incorporer le pesto à la soupe puis la saler et poivrer.

Soupe aux herbes
à la française

Pour 4 personnes

1 échalote
150 g d'oseille
100 g d'épinards en branches
1 botte de feuilles de céleri
1 botte de cresson de fontaine
1 botte de cerfeuil
1 botte de persil plat
1 kg de pommes de terre farineuses
1½ concombre
3 c.s. d'huile d'olive
Sel de mer
3 c.s. de crème légère
Poivre du moulin

Temps de préparation : 30 minutes
(Temps de cuisson en sus)
Par portion : 124 kcal / 552 kJ
P : 9 g, L : 13 g, G : 40 g

1 Éplucher et hacher finement l'échalote. Parer, laver et essorer l'oseille, les épinards, les feuilles de céleri, le cresson, le cerfeuil et le persil. Garder quelques feuilles de persil et de cerfeuil pour la décoration. Éplucher, laver et couper les pommes de terre en dés.

2 Laver, parer et couper les concombres en deux, les évider à la cuillère et les détailler en petits dés. Chauffer l'huile d'olive dans un faitout et verser les légumes essorés, le persil, le cerfeuil et les concombres en dés. Faire mijoter le tout 2 minutes à couvert, les légumes et les herbes ne devant pas brunir.

3 Verser 1,5 l d'eau, assaisonner de sel et compléter avec les pommes de terre en dés et faire cuire 25 minutes.

4 Mouliner la soupe à l'issue du temps de cuisson. Incorporer la crème légère à l'aide du mixeur plongeant. Rectifier l'assaisonnement avec du sel et du poivre. Dresser la soupe dans des bols et la garnir de persil et de cerfeuil.

Soupe de choucroute
au poivron

Pour 4 personnes

1 oignon

1 c.s. d'huile de tournesol

500 g de choucroute

1 poivron rouge épépiné et coupé en dés

2 pommes de terre épluchées et coupées en dés

Resp. 1 c.c. de paprika doux et de paprika fort en poudre

1,25 l de bouillon de légumes

1 feuille de laurier

2 clous de girofle

1 pincée de carvi en poudre

Sel de mer

Poivre

2 c.s. de persil ciselé

Temps de préparation : 15 minutes
Par portion : 154 kcal / 645 kJ
P : 5 g, L : 4 g, G : 20 g

1 Commencer par éplucher et hacher l'oignon. Chauffer 1 c.s. d'huile dans une poêle et y faire revenir l'oignon.

2 Égoutter la choucroute, ajouter les dés de poivron rouge et de pommes de terre et faire revenir le tout.

3 Incorporer les deux sortes de paprika en poudre aux légumes en remuant puis mouiller avec le bouillon de légumes. Ajouter la feuille de laurier, les clous de girofle et 1 pincée de carvi ; laisser mijoter la soupe 20 minutes à couvert.

4 Saler et poivrer et parsemer de persil avant de servir.

Soupe de pommes de terre à la roquette

Pour 3 à 4 personnes

800 g de pommes de terre
2 gousses d'ail
150 g de roquette
1,4 l de bouillon de légumes
2 c.s. d'huile d'olive
Sel de mer
Poivre

Temps de préparation : 30 minutes
(Temps de cuisson en sus)
Par portion : 270 kcal / 1 134 kJ
P : 12 g, L : 10 g, G : 30 g

1 Éplucher et couper les pommes de terre en dés. Éplucher et hacher l'ail. Laver, essorer et tailler la roquette en lanières.

2 Chauffer le bouillon de légumes et y faire cuire les pommes de terre et l'ail pendant 15 minutes. Ajouter la roquette et laisser frémir encore 2 minutes. Réduire la soupe en purée avec l'huile d'olive. Saler et poivrer.

3 Verser la soupe dans des verres résistant à la chaleur ou dans des tasses à consommé.

Soupe de légumes

aux courgettes

1 Éplucher l'oignon et les carottes puis les couper en rondelles. Laver, parer et couper le céleri en dés. Parer et couper les courgettes en rondelles. Éplucher et couper les pommes de terre en dés.

2 Chauffer l'huile dans un grand faitout et y verser les légumes. Faire revenir 5 minutes en tournant puis mouiller avec le bouillon de légumes. Laisser frémir la soupe 30 minutes. Les légumes doivent rester croquants.

3 Saler et poivrer la soupe, la parsemer de persil avant de servir.

Pour 4 personnes

1 oignon

3 carottes

1 branche de céleri
en branches

2 courgettes

2 pommes de terre

3 c.s. d'huile de colza

1,5 l de bouillon de légumes

Sel de mer, poivre

2 c.s. de persil fraîchement
ciselé

Temps de préparation : 20 minutes
(Temps de cuisson en sus)
Par portion : 305 kcal / 1 281 kJ
P : 5 g, L : 22 g, G : 22 g

Soupe de poisson
à la française

Pour 4 personnes

1 kg d'un mélange
de poissons prêts à cuisiner

1 oignon

4 pommes de terre

4 tomates

½ bulbe de fenouil

4 c.s. d'huile d'olive

4 feuilles de laurier

Herbes de Provence

Sel de mer

Poivre

1 sachet de safran

4 gousses d'ail

500 ml de bouillon
de légumes

500 ml de fumet de poisson

Temps de préparation : 25 minutes
(Temps de cuisson et de macération
en sus)
Par portion : 483 kcal / 2029 kJ
P : 42 g, L : 19 g, G : 23 g

1 Couper les poissons en morceaux. Éplucher et hacher l'oignon. Laver, éplucher et frotter les pommes de terre dans un torchon humide. Laver et concasser les tomates après avoir retiré les pédoncules. Parer le fenouil et le tailler en lanières.

2 Chauffer l'huile d'olive dans une poêle et y faire revenir l'oignon. Verser les pommes de terre, les tomates et le fenouil. Ajouter les feuilles de laurier et assaisonner avec les épices. Éplucher et presser l'ail et l'incorporer. Laisser frémir le tout 10 minutes puis ajouter les morceaux de poisson et compter 3 minutes de cuisson.

3 Chauffer le bouillon de légumes et le fumet de poisson, y verser la préparation précédente, mélanger le tout, retirer du feu et laisser reposer la soupe 10 minutes.

Soupe
au chou
et pousses de bambou

1 Faire tremper une nuit les oreilles de Judas.
Le lendemain, les égoutter et les tailler en
fines lanières. Verser les pousses de bambou
dans une passoire et égoutter.

2 Laver soigneusement et parer le chou chinois
et le poireau. Couper le chou, le poireau et les
pousses de bambou en fines lanières.

3 Faire cuire les nouilles de riz en suivant les
instructions qui figurent sur l'emballage et
les égoutter. Porter à ébullition le bouillon de légumes avec le poireau, les pousses de bambou
et les champignons et laisser frémir 20 minutes.
Puis ajouter le chou chinois et compter encore
5 minutes de cuisson. Rectifier l'assaisonnement
avec la sauce de soja.

4 Répartir les nouilles de riz dans des bols à
soupe, verser la soupe chaude et servir sans
attendre.

Pour 4 personnes

5 oreilles de Judas séchées

1 petit bocal de pousses de
bambou (poids net égoutté
230 g)

250 g de chou chinois

1 poireau

100 g de nouilles
de riz minces

1,25 l de bouillon de légumes

1 c.s. de sauce de soja

Temps de préparation : 20 minutes
(Temps de trempage et de cuisson
en sus)
Par portion : 305 kcal / 1 281 kJ
P : 41 g, L : 6 g, G : 40 g

Salade de poivron
à la coriandre

Pour 4 personnes

2 poivrons verts
1 poivron jaune
3 grosses tomates
1 gousse d'ail
1 c.s. de vinaigre de xérès
5 c.s. d'huile d'olive
Sel de mer
Poivre
½ botte de coriandre

Temps de préparation : 45 minutes
(Temps de cuisson et de macération
en sus)
Par portion : 103 kcal / 433 kJ
P : 2 g, L : 7 g, G : 7 g

1 Préchauffer le four à 200 °C (chaleur tournante 180 °C). Laver, parer, couper en deux et épépiner les poivrons. Les déposer, côté bombé vers le haut, sur une lèchefrite et les faire griller au four jusqu'à ce que la peau noircisse. Les retirer du four, les laisser refroidir, les peler et les couper en morceaux.

2 Inciser les tomates en croix, après avoir retiré les pédoncules. Ébouillanter les tomates et les passer sous l'eau froide. Les peler et les épépiner puis couper la chair en morceaux de 2 cm. Éplucher et presser la gousse d'ail.

3 Mettre les tomates et les poivrons dans un saladier. Confectionner une vinaigrette avec le vinaigre, l'huile, l'ail, le sel et le poivre et la verser sur la salade. Attendre 10 minutes que les ingrédients s'imprègnent les uns des autres. Garnir de feuilles de coriandre avant de servir.

Salade de pousses de soja
aux ciboules

1 Laver soigneusement les pousses de soja et les égoutter. Les blanchir 1 minute dans 1 l d'eau bouillante salée, les verser dans une passoire, les passer sous l'eau froide et les égoutter.

2 Confectionner une sauce avec la sauce de soja, le vinaigre de saké, l'huile de sésame et un peu de sel et la mélanger avec les pousses de soja dans un saladier. Laver, parer, éponger et émincer les ciboules. Les incorporer à la salade avant de servir.

Pour 4 personnes

500 g de pousses de soja
Sel de mer
2 c.s. de sauce de soja claire
1 c.s. de vinaigre de saké
2 c.s. d'huile de sésame
2 ciboules

Temps de préparation : 15 minutes
Par portion : 101 kcal / 424 kJ
P : 8 g, L : 5 g, G : 7 g

Salade portugaise

Pour 4 personnes

2 grosses tomates fermes

2 poivrons verts

3 carottes

1 oignon jaune

1 œuf

1 botte de persil

5 radis

1 laitue

1 c.s. d'aneth fraîchement haché

4 c.s. d'huile d'olive

4 c.s. de vinaigre

Sel de mer

Poivre

Temps de préparation : 20 minutes
Par portion : 113 kcal / 474 kJ
P : 4 g, L : 7 g, G : 6 g

1 Laver et couper les tomates en rondelles après avoir ôté les pédoncules. Parer, laver, épépiner et détailler les poivrons en lanières. Laver, éplucher et râper les carottes.

2 Éplucher et couper l'oignon en fines rondelles. Faire cuire l'œuf dur, l'écaler et le couper en rondelles. Laver, essorer, effeuiller et ciseler le persil. Couper les radis en rondelles. Laver et essorer la laitue. Déchiqueter les feuilles.

3 Mettre les ingrédients de la salade dans un saladier. Confectionner une vinaigrette avec les ingrédients restants, la verser sur la salade et mélanger. Garnir de rondelles d'œuf dur et parsemer de persil.

Salade d'endive

à la sauce aux mandarines et au miel

1 Laver et parer les endives, retirer en biseau le cœur amer et détailler les endives en lanières de 2 cm de large. Peler à vif les pamplemousses. Détacher les suprêmes et les mélanger avec les endives dans un saladier. Égoutter les mandarines dans une passoire et recueillir le jus. Verser les mandarines dans la salade.

2 Mélanger le miel, la moutarde, le concentré de poivron et le jus de mandarine. Saler et assaisonner de Tabasco et de Worcestershire sauce. Verser sur la salade et bien mélanger.

Pour 4 personnes

4 endives (environ 500 g)
2 pamplemousses roses
175 g de suprêmes
de mandarines
2 c.s. de miel
1 c.c. de moutarde
2 c.s. de concentré de poivron
70 ml de pur jus de
mandarine, sans sucre
Sel de mer, Tabasco
Worcestershire sauce

Temps de préparation : 30 minutes
Par portion : 125 kcal/556 kJ
P : 3 g, L : 1 g, G : 24 g

Salade de champignons
lombarde

Pour 4 personnes

400 g de bolets
200 g de girolles
200 g de pleurotes
1 piment rouge
1 gousse d'ail
1 botte de persil
8 c.s. d'huile d'olive
Sel de mer
Poivre
2 c.s. de jus de citron
250 g de roquette
2 c.s. de vinaigre balsamique

Temps de préparation : 40 minutes
Par portion : 392 kcal / 1 383 kJ
P : 6 g, L : 26 g, G : 13 g

1 Enlever le sable des champignons avec un pinceau. Couper les bolets en quartiers puis en morceaux. Couper les grosses girolles en deux. Détailler les pleurotes en morceaux. Parer, laver et hacher finement le piment. Éplucher et hacher finement la gousse d'ail. Laver, essorer et ciseler grossièrement le persil.

2 Chauffer 6 c.s. d'huile dans une poêle et y faire revenir les champignons. Ajouter le piment, l'ail et le persil. Saler, poivrer et assaisonner de jus de citron. Attendre 4 minutes que les ingrédients s'imprègnent les uns des autres.

3 Parer, laver et essorer la roquette ; couper les tiges. Mélanger le vinaigre balsamique et le restant d'huile d'olive dans un saladier. Rectifier l'assaisonnement avec du sel et du poivre.

4 Mélanger la roquette et la vinaigrette. Sortir les champignons de la poêle et les égoutter un peu.

5 Dresser la roquette dans les assiettes et répartir les champignons dessus avant de servir.

Salade d'asperges
aux fraises

Pour 4 personnes

600 g d'asperges blanches

Sel de mer

250 g de fraises

3 c.s. de jus d'orange
fraîchement pressé

80 g de crème légère

2 c.s. de vinaigre d'estragon

2 c.s. d'huile de tournesol

Poivre

1 c.c. de grains de poivre vert

Temps de préparation : 30 minutes
(Temps de cuisson en sus)
Par portion : 79 kcal / 332 kJ
P : 4 g, L : 3 g, G : 5 g

1 Laver et éplucher les asperges, enlever les extrémités et couper les tiges en morceaux de 3 cm de long. Les faire cuire dans de l'eau bouillante salée jusqu'à ce qu'elles soient cuites à point. Les égoutter et laisser refroidir.

2 Parer les fraises et les couper en quartiers. Mélanger le jus d'orange, la crème légère, le vinaigre et l'huile, saler et poivrer.

3 Mélanger les morceaux d'asperges et les fraises dans un saladier puis les napper de sauce. Garnir de poivre vert avant de servir.

Salade de chou-fleur et de brocoli

1 Laver les bouquets de brocoli et de chou-fleur et les faire cuire 7 minutes dans le bouillon de légumes bouillant jusqu'à ce qu'ils soient cuits à point. Les égoutter et les laisser refroidir.

2 Laver, sécher, parer et émincer les ciboules. Écaler l'œuf dur et le hacher finement.

3 Confectionner une sauce avec le yaourt, la crème légère, le vinaigre de fruit, le jus de citron, le curry en poudre, le sel et le poivre.

4 Mélanger le chou-fleur, le brocoli, la sauce et les ciboules émincées. Laver, essorer et tailler la ciboulette en tronçons. Garnir la salade d'œuf dur et de ciboulette avant de servir.

Pour 4 personnes

Resp. 400 g de bouquets de brocoli et de chou-fleur
300 ml de bouillon de légumes
½ botte de ciboules
1 œuf dur
150 g de yaourt nature
50 g de crème légère
2 c.s. de vinaigre de fruit
Jus d'une moitié de citron
1 c.c. de curry en poudre
Sel de mer, poivre
½ botte de ciboulette

Temps de préparation : 25 minutes
(Temps de cuisson et de refroidissement en sus)
Par portion : 149 kcal/628 kJ
P : 10 g, L : 7 g, G : 10 g

Salade de choux de Bruxelles au céleri

Pour 4 personnes

500 g de choux de Bruxelles
500 ml de bouillon de légumes
2 carottes
200 g de céleri-rave
2 ciboules
150 g de crème légère aux herbes
Sel de mer, poivre
2 c.s. de jus de citron
Noix muscade

Temps de préparation : 25 minutes
Par portion : 191 kcal / 783 kJ
P : 9 g, L : 13 g, G : 9 g

1 Parer les choux de Bruxelles et les faire cuire environ 10 minutes dans le bouillon de légumes jusqu'à ce qu'ils soient cuits à point. Les égoutter puis les verser dans un saladier. Garder le bouillon.

2 Éplucher les carottes et le céleri-rave et les tailler en julienne, les blanchir dans le bouillon de légumes puis les verser dans le saladier contenant les choux de Bruxelles. Parer et émincer les ciboules.

3 Assaisonner la crème légère aux herbes de sel, de poivre, de jus de citron et de noix muscade et en napper les légumes.

Salade de feuille de chêne à l'avocat

1 Peler les pamplemousses et lever les suprêmes. Éplucher, couper en deux et dénoyauter les avocats. Détailler la chair en cubes. Laver, trier, essorer et déchiqueter les feuilles de salade.

2 Inciser les tomates en croix après avoir ôté les pédoncules, les ébouillanter, les passer sous l'eau froide et les peler. Les épépiner puis les concasser. Mélanger la concassée de tomates, les suprêmes de pamplemousse, les cubes d'avocat et la feuille de chêne.

3 Confectionner une vinaigrette avec le jus de citron, le miel, l'huile d'olive, le sel et le poivre et la verser sur la salade. Laver, essorer et ciseler le persil. Le parsemer sur la salade avant de servir.

Pour 4 personnes

4 pamplemousses roses
2 avocats
1 salade feuille de chêne
4 tomates
Jus de 3 citrons
3 c.s. de miel
6 c.s. d'huile d'olive
Sel de mer
Poivre
½ botte de persil

Temps de préparation : 20 minutes
Par portion : 483 kcal / 2029 kJ
P : 5 g, L : 35 g, G : 32 g

Plats de résistance
végétariens

Poêlée de légumes
colorés

Pour 4 personnes

3 oignons rouges

2 gousses d'ail

Resp. 2 petites aubergines et courgettes

4 tomates charnues

2 poivrons

4 c.s. d'huile de sésame

Sel de mer

Poivre du moulin

Graines de moutarde

Cumin en poudre

1 à 2 brins de basilic thaï

1 à 2 brins de citronnelle ou
1 c.s. de citronnelle séchée

500 ml de bouillon
de légumes

2 à 3 c.s. de graines
de sésame décortiquées

Temps de préparation : 25 minutes
(Temps de cuisson en sus)
Par portion : 192 kcal/809 kJ
P : 5 g, L : 13 g, G : 15 g

1 Éplucher les oignons et les gousses d'ail et les couper en petits dés. Parer, laver et couper en deux dans le sens de la longueur les aubergines et les courgettes puis les tailler en dés gros comme le pouce. Peler, couper en deux, épépiner et concasser finement les tomates. Couper en deux, épépiner, laver et détailler les poivrons en gros morceaux.

2 Chauffer l'huile dans un wok et y faire sauter les légumes l'un après l'autre 2 à 3 minutes en remuant. Puis remettre tous les légumes dans le wok, saler, poivrer et assaisonner de graines de moutarde et de cumin.

3 Laver et parer les herbes fraîches et les ciseler finement. Les ajouter aux légumes et mouiller le tout avec le bouillon de légumes. Laisser frémir 3 minutes. Faire griller les graines de sésame à sec dans une poêle et en parsemer les légumes avant de servir.

Paupiettes de chou de Milan à l'étuvée

Pour 4 personnes

200 g de riz non décortiqué
Sel de mer
12 feuilles de chou de Milan
200 g de champignons de Paris
1 botte de ciboules
5 tomates
200 g de pousses
4 à 6 c.s. de sauce de soja
Poivre
300 ml de bouillon de légumes

Temps de préparation : 25 minutes
(Temps de cuisson en sus)
Par portion : 240 kcal / 1007 kJ
P : 9 g, L : 2 g, G : 46 g

1 Faire cuire le riz dans de l'eau salée en suivant les indications qui figurent sur l'emballage, le verser dans une passoire et bien l'égoutter. Le garder au chaud. Nettoyer et laver les feuilles de chou de Milan. Les faire blanchir 1 minute dans de l'eau bouillante salée, les rincer à l'eau froide et les égoutter. Couper les côtes des feuilles refroidies pour les aplatir.

2 Parer les champignons, les brosser, les laver si besoin est et les éponger puis les couper en petits dés. Nettoyer, laver et émincer les ciboules. Laver les tomates après avoir ôté les pédoncules, les inciser en croix, les ébouillanter, les peler, les épépiner et les concasser finement. Rincer les pousses à l'eau froide et les égoutter.

3 Mélanger les légumes, les pousses et le riz cuit. Assaisonner le tout de sauce de soja et d'un peu de poivre du moulin. Étaler les feuilles de chou de Milan. Répartir dessus le mélange de riz, égaliser, replier les feuilles et rouler pour former de petites paupiettes. Ficeler fermement avec du fil de cuisine.

4 Dans un wok, porter le bouillon de légumes à ébullition. Faire cuire à l'étuvée les paupiettes de chou à feu doux pendant 35 minutes. Les sortir du wok et retirer le fil de cuisine avec précaution avant de servir.

Artichauts cuits

Pour 4 personnes

4 artichauts
5 c.s. de jus de citron
6 c.s. de vinaigre de vin
Sel de mer
Poivre
1 œuf dur
2 échalotes
1 botte de persil
1 c.s. de câpres
4 c.s. d'huile d'olive
Sucre

Temps de préparation : 30 minutes
(Temps de cuisson en sus)
Par portion : 272 kcal / 1144 kJ
P : 8 g, L : 12 g, G : 12 g

1 Laver et égoutter les artichauts. Couper la pointe des feuilles avec des ciseaux. Couper la tige à la base et enduire de jus de citron. Porter à ébullition de l'eau salée additionnée de quelques gouttes de jus de citron. Y faire cuire les artichauts 40 minutes à feu doux à petits bouillons.

2 Fouetter le vinaigre, le sel et le poivre. Écaler l'œuf dur et le hacher finement. Éplucher et couper les échalotes en dés.

3 Laver, essorer et ciseler finement le persil. Égoutter les câpres. Verser le tout dans le vinaigre et émulsionner avec l'huile d'olive. Rectifier l'assaisonnement avec du sel, du poivre et du sucre. Dresser les artichauts et servir avec la vinaigrette.

Lentilles vertes

au yaourt

Pour 4 personnes

6 c.s. d'huile de tournesol

8 clous de girofle et 8 capsules de cardamome verte

2 bâtons de cannelle (de 2 cm)

3 oignons rouges

3 gousses d'ail

2 piments rouges

1 piment vert

2 c.s. de gingembre fraîchement râpé

1 c.c. de cumin

350 g de lentilles vertes du Puy

600 ml de bouillon de légumes

5 c.s. de jus de citron

5 c.s. de yaourt nature

1 c.s. de crème légère

½ botte de coriandre

Poivre noir

Temps de préparation : 30 minutes
(Temps de cuisson en sus)
Par portion : 375 kcal/1 575 kJ
P : 21 g, L : 8 g, G : 49 g

1 Chauffer l'huile dans une poêle et y faire griller légèrement les clous de girofle, les capsules de cardamome et les bâtons de cannelle. Puis éplucher et couper les oignons en dés. Éplucher et presser les gousses d'ail. Laver et couper les piments en deux dans le sens de la longueur, les épépiner et les détailler en lanières. Mettre le tout dans la poêle avec les épices et incorporer le gingembre et le cumin.

2 Laver les lentilles et les verser dans la préparation précédente avec le bouillon de légumes. Laisser mijoter le tout à feu doux environ 18 minutes.

3 Mélanger le jus de citron, le yaourt et la crème légère. Laver et essorer la coriandre. En réserver quelques feuilles. Hacher finement le restant et l'incorporer au yaourt. Dresser les lentilles, garnir de quelques feuilles de coriandre et donner un tour de moulin à poivre avant de servir.

Tomates à la vapeur
au chou et gingembre

Pour 4 personnes

12 tomates de taille moyenne
½ petit chou blanc
100 g de racine de gingembre
1 c.s. d'huile d'arachide
2 c.s. de gingembre en poudre
2 c.s. de sauce hoisin
Un peu d'huile de coriandre
½ botte de coriandre

Temps de préparation : 40 minutes
Par portion : 118 kcal / 497 kJ
P : 4 g, L : 6 g, G : 13 g

1 Laver et éponger les tomates. Couper le chapeau sur chacune d'elles. Les évider avec une petite cuillère. Enlever les feuilles extérieures du chou, le couper en deux, retirer le trognon et détacher les feuilles. Laver, sécher et tailler les feuilles en fines lanières. Éplucher et couper le gingembre en fines rondelles.

2 Chauffer l'huile dans le wok, y faire revenir les lanières de chou additionnées de gingembre en poudre et de sauce hoisin jusqu'à ce qu'elles soient tendres. Farcir les tomates du chou. Déposer trois tomates par panier de bambou et les couvrir de rondelles de gingembre.

3 Chauffer un peu d'eau dans le wok ; superposer les paniers dans le wok. L'eau ne doit pas immerger les paniers. Fermer le wok. Après 10 minutes de cuisson, interchanger la position des paniers et compter encore 10 minutes de cuisson à la vapeur.

4 Asperger les tomates de quelques gouttes d'huile de coriandre et, selon les goûts, les parsemer de coriandre ciselée avant de servir.

Émincé de tofu
aux pleurotes

Pour 4 personnes

200 g de tofu
Sel de mer
Poivre
2 c.s. de jus de limette
½ c.c. de curry en poudre
2 c.s. de sauce de soja
1 oignon
4 c.s. d'huile d'olive
40 g de pleurotes
1 c.s. de farine
100 g de crème légère
Noix muscade
Poivre de Cayenne
1 ciboule

Temps de préparation : 15 minutes
(Temps de macération et de cuisson
en sus)
Par portion : 152 kcal / 640 kJ
P : 9 g, L : 8 g, G : 2 g

1 Couper le tofu en lanières, le saler et le poivrer. Mélanger le jus de limette, le curry et la sauce de soja et y faire mariner le tofu pendant 15 minutes.

2 Éplucher et émincer l'oignon. Chauffer 2 c.s. d'huile et faire fondre l'oignon jusqu'à ce qu'il soit translucide. Nettoyer les pleurotes, les frotter avec un torchon humide et les couper en petits morceaux. Les verser dans la poêle.

3 Saupoudrer les pleurotes et l'oignon de farine et faire revenir. Incorporer la crème légère en tournant. Assaisonner de noix muscade et de poivre de Cayenne et laisser frémir 8 minutes.

4 Égoutter les lanières de tofu et les faire revenir dans le restant d'huile dans une autre poêle jusqu'à ce qu'elles soient croustillantes. Les incorporer ensuite aux champignons. Laver, parer, éponger et émincer la ciboule.

5 Dresser les assiettes et parsemer le plat de tronçons de ciboule avant de servir. Accompagner de riz cuit selon les indications qui figurent sur l'emballage.

Spaghettis

au pesto de cresson

Pour 4 personnes

1 botte de cresson de fontaine
30 g de pignons
40 g de parmesan
Poivre
6 c.s. d'huile d'olive
400 g de spaghettis
Sel de mer

Temps de préparation : 35 minutes
Par portion : 552 kcal / 2 305 kJ
P : 19 g, L : 20 g, G : 68 g

1 Laver et essorer le cresson. L'effeuiller et le hacher finement avec les pignons. Râper finement le parmesan. Mélanger le cresson aux pignons avec du poivre et 30 g de parmesan râpé. Verser l'huile en filet en mélangeant jusqu'à ce que le pesto épaississe.

2 Faire cuire les spaghettis en suivant les indications qui figurent sur l'emballage, les verser dans une passoire et les égoutter. Les répartir dans des assiettes creuses et surmonter chaque portion d'une bonne cuillerée à soupe de pesto. Parsemer du restant de parmesan avant de servir.

Pommes de terre
et fromage blanc aux herbes

1 Battre le fromage blanc et le lait pour obtenir un mélange crémeux. Saler et poivrer.

2 Laver, essorer puis hacher finement tous les herbes aromatiques. Les incorporer au fromage blanc. Attendre 20 minutes que les ingrédients s'imprègnent les uns des autres puis rectifier l'assaisonnement avec du sel et du poivre.

3 Laver les pommes de terre et les faire cuire 20 minutes en robe des champs. Les égoutter dans une passoire. Les servir avec le fromage blanc aux herbes.

Pour 4 personnes

500 g de fromage blanc
à 0 % M.G.
125 ml de lait entier
Sel de mer
Poivre
½ botte de persil
½ botte de ciboulette
¼ de botte de livèche
¼ de botte de cerfeuil
500 g de pommes de terre

Temps de préparation : 15 minutes
(Temps de cuisson (20 minutes) et
de macération (20 minutes) en sus)
Par portion : 368 kcal / 1 543 kJ
P : 38 g, L : 2 g, G : 48 g

Poêlée de légumes
d'hiver

Pour 4 personnes

2 échalotes
250 g de carottes
1 poireau
200 g de céleri en branches
100 g de chou blanc
1 c.s. d'huile de colza
200 ml de bouillon
de légumes
1 c.c. de fécule d'arrow-root
80 g de crème légère
1 c.s. de câpres
1 pincée de paprika en poudre
Sel de mer, poivre
Noix muscade
2 c.s. de coriandre
fraîchement ciselée

Temps de préparation : 20 minutes
(Temps de cuisson en sus)
Par portion : 101 kcal/426 kJ
P : 3 g, L : 6 g, G : 7 g

1 Éplucher et hacher les échalotes; parer, éplucher et couper les carottes en dés; laver, éponger, parer et émincer le poireau.

2 Laver, éponger, parer et couper le céleri en fines tranches; laver et tailler le chou blanc en lanières.

3 Chauffer l'huile dans une poêle et faire revenir les échalotes jusqu'à ce qu'elles soient translucides. Puis verser les légumes dans la poêle.

4 Mouiller avec 5 c.s. de bouillon et laisser mijoter le tout 10 minutes. Délayer la fécule d'arrow-root dans le restant de bouillon et verser celui-ci dans la préparation précédente.

5 Mélanger la crème légère, les câpres égouttées, la pincée de paprika en poudre, le sel, le poivre et la noix muscade et incorporer aux légumes. Parsemer de coriandre ciselée avant de servir. Accompagner de pain complet.

Fenouil rôti

Pour 4 personnes

2 bulbes de fenouil
4 c.s. d'huile d'olive
4 c.s. de jus de limette
2 c.c. de miel
Sel de mer
Poivre
1 pincée de cumin
400 g de carottes
1 grenade

Temps de préparation : 25 minutes
(Temps de cuisson en sus)
Par portion : 112 kcal / 470 kJ
P : 3 g, L : 5 g, G : 11 g

1 Laver, parer et couper les bulbes de fenouil en deux. Enlever le trognon dur et tailler les bulbes en fines tranches. Mélanger 2 c.s. d'huile, le jus de limette, le miel et les épices.

2 Chauffer le restant d'huile et y faire sauter les tranches de fenouil pour leur faire prendre couleur. Disposer sur une assiette et verser quelques gouttes de marinade à la limette.

3 Parer, éplucher et râper les carottes et les mélanger avec le restant de marinade. Répartir sur les tranches de fenouil. Ouvrir la grenade, détacher les grains et les répartir sur le fenouil aux carottes.

Spaghettis complets
au brocoli

1 Parer, laver et couper le brocoli en morceaux. Faire cuire les pâtes en suivant les indications qui figurent sur l'emballage dans de l'eau bouillante salée. Ajouter le brocoli 5 minutes avant la fin du temps de cuisson. Éplucher et hacher l'ail.

2 Chauffer l'huile dans un wok. Faire revenir l'ail. Verser les spaghettis et le brocoli dans une passoire, les égoutter puis les remettre dans le wok. Ajouter les ingrédients restants, à l'exception de l'huile de sésame et de la coriandre, et rectifier l'assaisonnement. Parsemer de coriandre et asperger d'huile de sésame avant de servir.

Pour 3 à 4 personnes

750 g de brocolis
400 g de spaghettis au blé complet
Sel de mer
1 gousse d'ail
3 c.s. d'huile d'olive
1,5 cm de gingembre fraîchement râpé
½ c.c. de sambal oelek
2 c.s. de vinaigre de vin blanc
Poivre
1 botte de coriandre fraîchement ciselée
2 c.s. d'huile de sésame

Temps de préparation : 20 minutes
(Temps de cuisson en sus)
Par portion : 460 kcal / 1 932 kJ
P : 18 g, L : 8 g, G : 75 g

121

Brochettes de légumes
à la féta

Pour 4 personnes

2 brins de thym
2 brins de romarin
1 botte de basilic
350 ml d'huile d'olive
3 à 4 gousses d'ail
2 oignons
Sel de mer
Poivre
500 g de féta
2 petites courgettes
1 petite aubergine
1 poivron vert
20 tomates cocktail
250 g de yaourt nature

Temps de préparation : 20 minutes
(Temps de macération et de cuisson
en sus)
Par portion : 308 kcal / 1 295 kJ
P : 23 g, L : 16 g, G : 11 g

1 Faire tremper des piques en bois dans de l'eau froide. Laver, essorer et effeuiller les herbes aromatiques. Hacher finement le thym et le romarin et les mélanger avec 250 ml d'huile d'olive. Éplucher l'ail et les oignons. Ajouter au thym et au romarin une gousse d'ail pressée, saler et poivrer.

2 Couper la féta en cubes de la taille d'une bouchée. Parer et laver les courgettes, l'aubergine et le poivron. Couper les courgettes et l'aubergine en cubes. Couper en deux et épépiner le poivron après avoir ôté le pédoncule. Tailler les deux moitiés en morceaux. Couper les oignons en quartiers. Enfiler sur les piques en bois les cubes de féta, les morceaux de légumes et les tomates cocktail en alternant. Déposer les brochettes dans la marinade et attendre 20 minutes que les ingrédients s'imprègnent les uns des autres.

3 Pour le dip, réduire en fine purée le basilic avec le restant d'huile d'olive. Incorporer le yaourt, saler et poivrer.

4 Faire griller les brochettes bien égouttées 1 à 2 minutes de chaque côté sur le gril. Servir chaud avec le dip.

Curry savoureux
aux bettes et au yaourt

Pour 4 personnes

1 gousse d'ail

2 oignons

3 piments verts

1 morceau de gingembre
(de 2 cm)

2 tomates

2 c.s. d'huile de tournesol

½ c.c. de graines de moutarde

1 pointe de couteau de graines
de fenugrec en poudre

2 c.s. de piment séché
concassé

10 feuilles de curry

½ c.c.de curcuma en poudre

Sel de mer

100 g de jeunes feuilles de
bettes à cardes rouges

300 g de yaourt nature

Temps de préparation : 20 minutes
(Temps de cuisson en sus)
Par portion : 106 kcal / 442 kJ
P : 4 g, L : 8 g, G : 5 g

1 Éplucher et hacher finement la gousse d'ail et les oignons. Parer, laver et couper les piments verts, les épépiner et enlever la membrane intérieure. Éplucher et hacher finement le gingembre. Laver les tomates après avoir ôté le pédoncule et les concasser.

2 Chauffer l'huile dans une sauteuse. Y faire revenir les graines de moutarde en remuant. Dès qu'elles éclatent, ajouter l'ail, le fenugrec, le piment séché concassé et les feuilles de curry et faire cuire 1 minute. Incorporer les oignons, les piments verts et le gingembre et faire cuire jusqu'à ce que les oignons brunissent.

3 Verser ensuite les tomates concassées et le curcuma et rectifier l'assaisonnement avec du sel. Laver, égoutter et hacher finement les feuilles de bettes. Les mettre dans la sauteuse et laisser mijoter 5 minutes. Retirer du feu et incorporer le yaourt. Réchauffer le curry de bettes en comptant encore 3 minutes. Retirer les feuilles de curry avant de servir le plat.

Poêlée de brocoli et de tofu aux noix de cajou

Pour 4 personnes

300 g de brocolis
300 g de tofu
3 brins de citronnelle
120 g de noix de cajou
4 c.s. d'huile d'arachide
2 c.s. de pâte de curry rouge
250 ml de bouillon
de légumes
5 c.s. de jus de limette
4 c.s. de sauce de soja claire

Temps de préparation : 30 minutes
(Temps de cuisson en sus)
Par portion : 364 kcal/1530 kJ
P : 22 g, L : 29 g, G : 5 g

1 Parer et laver les brocolis. Détacher les bouquets et les faire cuire 8 minutes dans de l'eau bouillante salée jusqu'à ce qu'ils soient cuits à point. Les verser dans une passoire, les passer sous l'eau froide et les égoutter. Éponger le tofu et le couper en cubes d'1 cm.

2 Laver la citronnelle et hacher finement la partie blanche. Faire dorer à sec dans une poêle les noix de cajou en remuant, les laisser refroidir et les hacher grossièrement.

3 Chauffer l'huile d'arachide dans le wok et y faire dorer les cubes de tofu. Les sortir du wok et faire revenir dans le restant d'huile la citronnelle et la pâte de curry. Mouiller avec le bouillon de légumes, ajouter les brocolis et le tofu et réchauffer. Assaisonner le tout de jus de limette et de sauce de soja et répartir les noix de cajou avant de servir.

Chou-fleur épicé

Pour 4 personnes

1 gros chou-fleur

Sel de mer

Resp. 2 poivrons rouges, jaunes et verts

4 échalotes

4 gousses d'ail

1 c.s. de gingembre fraîchement râpé

2 c.s. de garam masala

4 c.s. de purée de tomates

1 c.s. de piment en poudre

3 c.s. d'huile d'arachide

100 g de yaourt nature

3 c.s. de crème légère

6 c.s. de pignons

Cerfeuil pour la décoration

Temps de préparation : 25 minutes
(Temps de cuisson en sus)
Par portion : 278 kcal / 1 166 kJ
P : 11 g, L : 17 g, G : 13 g

1 Parer et laver le chou-fleur, détailler les bouquets et les blanchir environ 5 minutes dans de l'eau légèrement salée. Verser l'eau de cuisson et égoutter le chou-fleur.

2 Laver, parer, couper les poivrons en deux, les épépiner et les détailler en cubes. Éplucher et hacher finement les échalotes et l'ail. Mettre le tout, à l'exception du chou-fleur, dans un saladier avec le gingembre, le garam masala, les tomates et le piment en poudre et mélanger.

3 Chauffer l'huile d'arachide et y faire revenir ce mélange environ 6 minutes. Ajouter les bouquets de chou-fleur et faire cuire environ 3 minutes. Incorporer le yaourt et la crème légère.

4 Faire griller à sec les pignons dans une poêle, les parsemer sur le chou-fleur épicé et garnir de cerfeuil avant de servir.

Plats principaux
de viande et de volaille

Poêlée de poulet
aux pleurotes

Pour 4 personnes

500 g de poitrine de poulet
400 g de pois gourmands
400 g de carottes
150 g de pleurotes
3 c.s. d'huile de sésame
200 ml de bouillon de légumes
2 c.s. de sauce de soja
Sel de mer
Poivre

Temps de préparation : 20 minutes
(Temps de cuisson en sus)
Par portion : 270 kcal/1130 kJ
P : 36 g, L : 7 g, G : 13 g

1 Laver et éponger la poitrine de poulet et la couper en lanières. Parer et écosser les pois gourmands. Gratter et couper les carottes en rondelles. Nettoyer et frotter les champignons puis les couper en petits morceaux.

2 Chauffer l'huile dans une poêle et y saisir les lanières de poulet de chaque côté. Ajouter les pois gourmands, les carottes et les champignons et faire cuire 2 minutes. Verser le bouillon de légumes et laisser mijoter le tout à couvert environ 8 minutes. Saler, poivrer et assaisonner de sauce de soja.

Choux-raves farcis

1 Faire tremper le shiitake. Éplucher et évider les choux-raves avec précaution. Chauffer le bouillon avec le sucre, 1 c.s. de saké, 1 c.s. de sauce de soja, le mirin et ½ c.c. de sel dans un faitout et y faire cuire les choux-raves pendant environ 15 minutes. Les laisser refroidir dans le bouillon. Puis les sortir du bouillon et garder celui-ci.

2 Mélanger la chair de poulet et le restant de sel, de saké et de sauce de soja. Égoutter et hacher finement le shiitake. Parer la ciboule et hacher finement le blanc.

3 Mélanger tous les ingrédients et la viande. En farcir les choux-raves. Cuire à l'étuvée environ 20 minutes à feu modéré. Servir les choux-raves farcis avec les fèves de soja et le bouillon.

Pour 4 personnes

1 shiitake séché

4 choux-raves

600 ml de dashi (fumet de poisson)

1 c.s. de sucre

2 c.s. de saké

2 c.s. de sauce de soja

1 c.c. de mirin (vin de riz)

1 c.c. de sel marin

150 g de chair de poulet émincée

1 ciboule

4 cm de gingembre fraîchement haché

100 g fèves de soja étuvées

Temps de préparation : 30 minutes (Temps de cuisson en sus)
Par portion : 100 kcal / 420 kJ
P : 18 g, L : 2 g, G : 5 g

Poêlée de riz
à la poitrine de dinde

Pour 1 personne

50 g de riz (étuvé)

Sel de mer

150 g de filet de poitrine de dinde

1 oignon

½ gousse d'ail

1 courgette

½ poivron jaune

2 tomates

1 c.s. d'huile d'arachide

½ c.c. de curry en poudre

1 pincée de gingembre moulu

100 ml de bouillon de légumes

Poivre

Temps de préparation : 20 minutes
(Temps de cuisson en sus)
Par portion : 677 kcal / 2 843 kJ
P : 51 g, L : 27 g, G : 57 g

1 Faire cuire le riz en suivant les indications qui figurent sur l'emballage. Laver, éponger et couper la viande en lanières. Éplucher et hacher l'oignon et l'ail. Parer, laver puis couper les légumes en dés.

2 Chauffer l'huile et y faire revenir la viande 2 minutes. Le retirer de la poêle. Faire revenir l'oignon, l'ail et le gingembre, ajouter les légumes et faire cuire 2 minutes. Mouiller avec le bouillon et laisser mijoter 5 minutes.

3 Égoutter le riz dans une passoire puis l'incorporer aux légumes avec la viande. Rectifier l'assaisonnement avec du poivre.

Roulés d'endives

1 Parer les endives, retirer le cœur amer, les couper en deux puis les enrouler dans les tranches de fromage. Les déposer dans un moule à gratin préalablement huilé.

2 Éplucher et hacher finement l'oignon, lever les suprêmes d'orange et les couper en dés. Couper le jambon en dés. Mélanger l'oignon, le yaourt, le vin blanc, les dés d'orange et le jambon.

3 Laver, essorer et hacher les herbes aromatiques. Assaisonner la préparation au yaourt avec les herbes et les épices et la répartir sur les roulés d'endives. Parsemer de parmesan. Faire cuire au four à 190 °C (chaleur tournante 170 °C) environ 15 minutes.

Pour 4 personnes

4 endives
8 tranches de fromage à pâte molle de type Limburger
1 c.s. d'huile végétale
1 oignon
1 orange
80 g de jambon cuit
300 g de yaourt nature
4 c.s. de vin blanc
½ botte d'herbes aromatiques
Sel de mer, poivre, poivre de Cayenne, noix muscade
40 g de parmesan fraîchement râpé
Huile végétale pour le moule

Temps de préparation : 15 minutes
(Temps de cuisson en sus)
Par portion : 230 kcal/962 kJ
P : 21 g, L : 11 g, G : 9 g

Escalopes de dinde
aux carottes et riz sauvage

Pour 4 personnes

800 g de carottes

2 petits oignons

2 citrons bio

100 g d'un mélange de riz basmati et de riz sauvage

4 escalopes de dinde (de 150 g chacune)

1 c.s. d'huile d'olive

Sel de mer

Poivre

Temps de préparation : 30 minutes (Temps de cuisson en sus)
Par portion : 430 kcal / 1 806 kJ
P : 42 g, L : 7 g, G : 47 g

1 Laver, éplucher puis couper les carottes en fines rondelles. Éplucher et couper les oignons en petits dés. Laver et éponger les citrons. Prélever les zestes à l'aide d'un éplucheur (ou d'une fine râpe). Presser un citron et couper l'autre en quartiers.

2 Faire cuire le riz à couvert dans 200 ml d'eau bouillante pendant 20 minutes. Laver et éponger la viande. La faire revenir dans l'huile chaude 2 à 3 minutes de chaque côté. Saler et poivrer. Faire sauter brièvement les quartiers de citron dans la poêle. Retirer le tout de la poêle et réserver.

3 Faire revenir 5 minutes les oignons et les carottes dans l'huile de cuisson dans la poêle. Mouiller avec 100 ml d'eau et le jus de citron puis porter à ébullition. Ajouter le zeste de citron. Saler et poivrer. Remettre les escalopes dans la poêle avec les carottes et compter encore 2 à 3 minutes de cuisson. Dresser avec le riz et garnir de quartiers de citron.

Émincé de poulet
sur un lit de concombre

Pour 4 personnes

450 g de poitrine de poulet
1 gousse d'ail
1 piment rouge
2 c.s. d'huile végétale
2 c.s. de sauce d'huître
1 c.c. de miel
1 c.s. de vin de riz
Poivre
½ botte de menthe fraîche

Temps de préparation : 20 minutes
(Temps de cuisson en sus)
Par portion : 146 kcal / 513 kJ
P : 25 g, L : 3 g, G : 2 g

1 Laver et éponger la viande puis la couper en lanières. Éplucher et hacher l'ail ; parer, laver, épépiner et émincer le piment.

2 Chauffer l'huile dans le wok et y saisir les lanières de viande à feu vif en remuant. Incorporer l'ail, le piment, la sauce d'huître, le miel et le vin de riz et faire cuire le tout environ 2 minutes. Rectifier l'assaisonnement avec du poivre.

3 Laver et essorer la menthe et couper les feuilles en lanières. Dresser la viande dans les assiettes et la garnir de lanières de menthe.

Sauté de filet de bœuf
asiatique

Pour 4 personnes

500 g de filet de bœuf
½ c.c. de poivre du moulin
2 c.s. de sauce de soja brune
1 c.s. de farine
6 champignons Tongku séchés
300 g de pleurotes
4 ciboules
1 piment rouge frais
4 gousses d'ail
1 morceau de gingembre
(de 4 cm)
3 c.s. d'huile végétale
4 c.s. de sauce d'huître
1 c.s. de nuoc mam
1 c.c. de miel
4 c.s. de vin de riz

Temps de préparation : 30 minutes
(Temps de macération, de trempage
et de cuisson en sus)
Par portion : 352 kcal / 1 477 kJ
P : 23 g, L : 8 g, G : 30 g

1 Laver, éponger et parer le filet de bœuf. Le tailler en cubes d'1 cm. Dans un saladier, mélanger le bœuf avec le poivre, la sauce de soja et la farine. Le couvrir et le mettre au réfrigérateur pendant une heure.

2 Entre-temps, laver les champignons Tongku et les faire tremper 20 minutes dans de l'eau froide. Nettoyer et frotter les pleurotes puis les couper en gros morceaux. Parer, laver et couper les ciboules en deux dans le sens de la longueur puis en tronçons de 3 cm. Parer, laver et couper le piment en deux dans le sens de la longueur et le tailler en lanières. Éplucher et hacher finement l'ail et le gingembre.

3 Presser les champignons Tongku et les couper en quatre. Chauffer fortement l'huile dans une poêle ou un wok. Y saisir l'ail, le gingembre et les cubes de viande à feu vif sans cesser de remuer pendant 5 minutes puis réduire la température. Ajouter les deux sortes de champignons, les ciboules, la sauce d'huître, le nuoc mam et le miel et faire cuire le tout encore environ 2 minutes à feu modéré. Incorporer les lanières de piment et réchauffer, verser le vin de riz avant de servir.

Saltimbocca alla romana

Pour 4 personnes

4 escalopes de veau
(de 125 g chacune)

4 grandes feuilles de sauge

4 tranches de jambon séché
en plein air sans couenne

2 c.s. d'huile végétale

3 c.s. de vin blanc sec

125 ml de bouillon de viande

Sel de mer

Poivre

Temps de préparation : 20 minutes
(Temps de cuisson en sus)
Par portion : 230 kcal/964 kJ
P : 32 g, L : 11 g, G : 1 g

1 Aplatir les escalopes. Laver et essorer les feuilles de sauge. Garnir chaque escalope d'1 feuille de sauge et d'1 tranche de jambon et maintenir avec 1 cure-dent.

2 Chauffer l'huile dans une poêle et cuire les saltimbocca 4 minutes de chaque côté. Puis les retirer de la poêle et les réserver au chaud.

3 Mouiller la graisse de cuisson avec le vin blanc, ajouter le bouillon de viande et faire réduire la sauce d'un tiers. Saler et poivrer. Dresser les saltimbocca et les servir avec la sauce. Accompagner d'une belle salade verte.

Salade chaude de pois chiches et d'agneau

Pour 4 personnes

1 oignon

1 gousse d'ail

1 petite aubergine

400 g de baron d'agneau

5 c.s. d'huile d'olive

1 poivron rouge

4 ciboules

450 g de pois chiches (en conserve)

6 brins de thym citron

1 limette

2 c.s. de vinaigre de vin blanc

½ c.c. de harissa ou de sambal oelek

Sel de mer

Poivre noir

Temps de préparation : 35 minutes (Temps de cuisson en sus)
Par portion : 490 kcal / 2 050 kJ
P : 38 g, L : 25 g, G : 29 g

1 Éplucher et hacher finement l'oignon et l'ail. Laver, parer et couper l'aubergine dans le sens de la longueur puis la détailler en rondelles d'un demi-centimètre.

2 Laver, éponger et tailler le baron d'agneau en lanières d'1 cm. Chauffer 2 c.s. d'huile d'olive dans une poêle et y faire dorer la viande de chaque côté. Puis ajouter l'oignon, l'ail et l'aubergine et faire cuire environ 2 minutes.

3 Entre-temps, laver, parer et couper le poivron en dés. Laver, parer et émincer finement les ciboules. Rincer les pois chiches à l'eau froide et les égoutter.

4 Effeuiller le thym, l'ajouter à la viande en tournant et verser le tout avec les autres ingrédients dans un grand saladier. Pour la vinaigrette, couper la limette en deux, la presser et mélanger le jus avec le vinaigre, le restant d'huile et le harissa ou le sambal oelek. Saler, poivrer et verser sur la salade.

Poêlée de bœuf
aux épinards et à la mangue

Pour 4 personnes

500 g de viande de bœuf maigre

200 g d'épinards en branches

1 mangue mûre

1 piment vert doux

3 c.s. d'huile végétale

2 c.s. de sauce de soja

2 c.s. de sauce d'huître

2 c.s. de sauce chili douce

½ botte de basilic thaï lavé

Temps de préparation : 30 minutes
(Temps de cuisson en sus)
Par portion : 276 kcal / 1 157 kJ
P : 28 g, L : 16 g, G : 5 g

1 Couper la viande en lanières. Laver les épinards à l'eau courante, les essorer et les hacher grossièrement. Éplucher la mangue et détailler la chair en morceaux. Laver et émincer le piment.

2 Chauffer l'huile végétale dans le wok et y faire revenir les épinards et le piment émincé à feu vif puis réserver. Saisir ensuite à feu vif les lanières de viande dans cette huile de cuisson. Mouiller avec la sauce de soja et la sauce d'huître et bien mélanger.

3 Incorporer les morceaux de mangue à la viande. Terminer en remettant les épinards et le piment dans le wok et en mélangeant bien le tout. Rectifier l'assaisonnement avec la sauce chili douce et parsemer de basilic thaï avant de servir.

Pièce de bœuf
à la mode du Sichuan

Pour 4 personnes

500 g de viande de bœuf maigre

1 c.c. de fécule de maïs

1 blanc d'œuf

4 c.s. de sauce de soja

2 oignons

2 gousses d'ail

Resp. 1 poivron jaune et vert

2 piments

1 petit poireau

1 petite aubergine

1 morceau de gingembre frais (de 3 cm)

1 c.c. vinaigre de riz

2 c.s. de vin de riz

Huile végétale

Sel de mer

Poivre

Temps de préparation : 20 minutes
(Temps de cuisson en sus)
Par portion : 278 kcal / 1 165 kJ
P : 29 g, L : 11 g, G : 12 g

1 Couper la pièce de bœuf en fines tranches. Délayer la fécule dans le blanc d'œuf additionné de sauce de soja et y faire mariner les tranches de bœuf.

2 Éplucher les oignons et l'ail. Couper les oignons en fines rondelles. Parer, laver et hacher finement les poivrons et les piments. Parer, laver et tailler le poireau en julienne. Parer, laver et détailler l'aubergine en cubes. Éplucher et hacher finement le gingembre.

3 Mélanger le restant de sauce de soja, le vinaigre de riz et le vin de riz et réserver.

4 Chauffer l'huile dans le wok. Y saisir la viande de bœuf à feu vif sans cesser de remuer. Saler et poivrer. Retirer de la poêle et réserver.

5 Chauffer un peu d'huile, faire revenir l'aubergine, les oignons, le gingembre et les légumes restants et ajouter l'ail pressé au presse-ail. Faire sauter le tout à feu vif. Incorporer la viande, verser la sauce et bien mélanger tous les ingrédients.

Escalopes de veau

et tomates

Pour 4 personnes

4 escalopes de veau
Sel de mer
Poivre
3 tomates
4 c.s. d'huile d'olive
Quelques feuilles de basilic

Temps de préparation : 15 minutes
(Temps de cuisson en sus)
Par portion : 203 kcal / 852 kJ
P : 27 g, L : 9 g, G : 2 g

1 Laver, éponger et aplatir les escalopes, les saler et les poivrer.

2 Laver les tomates après avoir ôté les pédoncules et les couper en rondelles.

3 Chauffer l'huile et y faire colorer les escalopes de chaque côté environ 3 minutes.

4 Déposer les rondelles de tomates sur les escalopes et poursuivre la cuisson 2 minutes à couvert. Assaisonner les tomates et garnir de basilic taillé en lanières avant de servir.

Jambon fumé et fruits

1 Couper le jambon en lanières. Parer, laver et émincer le poireau. Peler à vif les pomélos et les pamplemousses. Détacher soigneusement les suprêmes.

2 Couper les figues en quartiers, laver et éplucher les combavas, hacher finement le zeste. Laver les feuilles de combava et les hacher. Parer, laver et hacher finement la citronnelle.

3 Chauffer l'huile dans un wok et y faire revenir le jambon. 3 minutes après, ajouter les pomélos, les pamplemousses, le zeste et les feuilles de combava, les figues et la citronnelle. Assaisonner le tout avec les épices. Après 8 minutes de cuisson, répartir le tout dans des raviers et garnir de rondelles de limette avant de servir.

Pour 4 personnes

800 g de jambon fumé

1 poireau

2 pomélos

2 pamplemousses roses

2 figues

4 combavas

2 feuilles de combava

1 brin de citronnelle

3 c.s. d'huile d'arachide

Resp. 1 c.c. de cardamome, d'anis, de clou de girofle et de gingembre en poudre

Fines rondelles de limette pour la décoration

Temps de préparation : 30 minutes
Par portion : 349 kcal / 1 471 kJ
P : 45 g, L : 14 g, G : 9 g

Plats principaux de
poisson et fruits de mer

Églefin

sur un lit de carottes

Pour 4 personnes

1 orange non traitée
400 g de filet d'églefin
Poivre noir
400 g de carottes
1 c.c. de beurre
1 c.c. de sucre
Sel de mer
4 c.s. de bouillon de légumes
2 c.s. de ciboulette en tronçons

Temps de préparation : 30 minutes
(Temps de cuisson en sus)
Par portion : 175 kcal / 733 kJ
P : 20 g, L : 5 g, G : 11 g

1 Prélever le zeste d'orange à l'aide d'un éplucheur. Détacher les suprêmes, recueillir le jus et en asperger le filet d'églefin. Répartir le zeste d'orange sur le poisson et le saupoudrer de poivre noir. Attendre 10 minutes que les ingrédients s'imprègnent les uns des autres.

2 Éplucher et râper finement les carottes. Faire caraméliser le beurre et le sucre dans une poêle en remuant et y faire glacer les carottes râpées puis cuire 2 minutes à couvert.

3 Saler légèrement les carottes et les mouiller avec le bouillon de légumes.

4 Assaisonner les filets d'églefin et les verser sur les carottes avec la marinade. Faire mijoter environ 10 minutes à couvert.

5 Incorporer les suprêmes d'orange et réchauffer. Garnir de tronçons de ciboulette avant de servir.

Thon grillé
au wasabi et raifort

Pour 4 personnes

250 g de thon de qualité sushi
1 c.c. de graines de sésame noires
2 c.c. de grains de poivre rose
1 c.s. d'huile de tournesol
16 feuilles de shiso
50 g de daïkon (radis chinois)
2 c.c. de wasabi

Temps de préparation : 20 minutes
(Temps de cuisson et de refroidissement en sus)
Par portion : 180 kcal / 756 kJ
P : 14 g, L : 13 g, G : 1 g

1 Laver et éponger le thon. Déposer le poisson dans un plat.

2 Piler grossièrement les graines de sésame et les grains de poivre dans un mortier. Badigeonner le poisson d'huile et l'enduire d'épices.

3 Préchauffer le gril. Faire griller le thon sur le gril chaud environ 30 secondes de chaque côté. Le déposer de nouveau dans le plat et le mettre environ 5 minutes au congélateur.

4 Laver et essorer les feuilles de shiso. Éplucher et râper finement le daïkon. Tailler le thon en tranches de 5 mm d'épaisseur, le garnir de feuilles de shiso et le servir accompagné de wasabi et de daïkon.

Loup de mer

et chou à la moutarde

Pour 4 personnes

500 g de loup de mer
1 paksoi
1 c.c. de sel marin
1 c.c. de grains de poivre noir concassés
1 morceau de gingembre (de 5 cm)
3 échalotes
1 c.s. d'huile de tournesol
2 c.s. de xérès
6 c.s. de bouillon de légumes
½ botte de coriandre
½ botte de ciboulette
1 c.s. d'huile de sésame

Temps de préparation : 30 minutes
(Temps de cuisson en sus)
Par portion : 460 kcal / 1 932 kJ
P : 19 g, L : 8 g, G : 76 g

1 Laver et éponger le poisson, le détailler en 4 morceaux. Détacher les 4 plus grandes feuilles du paksoi, les parer et les blanchir brièvement dans de l'eau bouillante. Les égoutter et les laisser refroidir. Déposer un filet de poisson sur chaque feuille de chou. Saler et poivrer. Rouler les feuilles et replier les bords.

2 Mettre les roulés sur une assiette, placer le tout dans un cuit-vapeur et faire cuire 8 à 10 minutes jusqu'à ce que le poisson soit cuit. Recueillir la vapeur d'eau et garder les roulés de chou au chaud.

3 Éplucher et hacher finement le gingembre et les échalotes. Chauffer l'huile dans une poêle et y faire revenir le gingembre et les échalotes. Déglacer avec le xérès et le laisser s'évaporer. Mouiller avec le bouillon et le liquide de cuisson et faire réduire un peu. Incorporer les herbes hachées et rectifier l'assaisonnement. Verser un filet d'huile de sésame sur les roulés et les servir avec la sauce. Accompagner de riz.

Poêlée d'asperges
aux crevettes

Pour 4 personnes

6 shiitake séchés
250 g de carottes
750 g d'asperges vertes
Sel de mer
3 c.s. d'huile de sésame
2 gousses d'ail
1 piment rouge
200 ml de bouillon de légumes
3 c.s. de sauce d'huître
150 g de crevettes
décortiquées
Poivre

Temps de préparation : 20 minutes
(Temps de cuisson en sus)
Par portion : 233 kcal / 976 kJ
P : 18 g, L : 6 g, G : 33 g

1 Faire d'abord tremper les champignons environ 10 minutes dans de l'eau chaude. Pendant
ce temps, gratter et couper les carottes en bâtonnets ; éplucher le tiers inférieur des asperges et
les couper en morceaux en biseau.

2 Faire blanchir les asperges 5 minutes dans
de l'eau bouillante salée. Verser l'eau de
trempage des champignons, éliminer le bout dur
des shiitakes et tailler les chapeaux en lanières.

3 Chauffer l'huile de sésame dans le wok.
Éplucher et couper l'ail en dés. Parer, épépiner et hacher finement le piment. Faire revenir
ces deux ingrédients dans l'huile chaude. Ajouter
les asperges égouttées, les champignons et les
bâtonnets de carottes et faire cuire 3 minutes en
remuant.

4 Mouiller avec le bouillon de légumes et la
sauce d'huître et porter à ébullition. Incorporer les crevettes et laisser mijoter encore 3 minutes. Saler et poivrer. Accompagner de riz.

Brochettes de poisson
méridionales

Pour 4 personnes

400 g de dos de cabillaud
8 langoustines décortiquées
1 courgette
12 tomates cocktail
1 gousse d'ail
3 c.s. d'huile d'olive
Sel de mer
Poivre
1 c.c. de mélange d'herbes
italiennes

Temps de préparation : 20 minutes
(Temps de cuisson en sus)
Par portion : 236 kcal / 991 kJ
P : 38 g, L : 7 g, G : 3 g

1 Laver le dos de cabillaud à l'eau froide, l'éponger et le couper en morceaux de la taille d'une bouchée. Laver et éponger les langoustines.

2 Laver et parer la courgette, la couper en rondelles d'1 cm d'épaisseur. Laver et essuyer les tomates cocktail.

3 Enfiler les ingrédients sur 8 brochettes en les alternant. Éplucher et hacher finement l'ail. Préparer une marinade avec l'ail, l'huile, le sel, le poivre et les herbes italiennes. En enduire les brochettes.

4 Préchauffer le gril du four à 250 °C. Déposer les brochettes sur une plaque de cuisson tapissée d'une feuille d'aluminium et les faire griller environ 8 minutes. Les retourner plusieurs fois et les badigeonner de marinade.

Filet de poisson

en robe de courgette

Pour 4 personnes

2 courgettes
Sel de mer
4 filets de perche du Nil
Poivre
3 c.s. de jus de citron
3 c.s. d'huile d'olive
4 c.s. d'origan haché

Temps de préparation : 35 minutes
Par portion : 218 kcal / 915 kJ
P : 218 g, L : 5 g, G : 3 g

1 Parer, laver et couper les courgettes en fines lamelles dans le sens de la longueur. Dans un faitout, porter de l'eau salée à ébullition et faire blanchir les lamelles de courgette environ 2 minutes. Puis verser l'eau de cuisson, passer les courgettes sous l'eau froide et les égoutter.

2 Laver et éponger les filets de perche. Couper chaque filet en deux, le saler, le poivrer et l'asperger de jus de citron.

3 Enrouler les morceaux de poisson dans les lamelles de courgette et les fixer avec une pique en bois. Les badigeonner d'huile d'olive.

4 Préchauffer le gril et tapisser la grille d'une feuille d'aluminium. Faire griller les roulés de chaque côté environ 6 minutes. Vous pouvez également utiliser une poêle gril. Parsemer de l'origan haché avant de servir.

Poêlée de poisson
aux pousses de soja et céleri

Pour 4 personnes

750 g d'un mélange de filets
de poisson, par ex. saumon,
brochet, sandre, carrelet,
cabillaud

1 limette

2 gousses d'ail

½ branche de céleri
en branches

3 carottes

200 g de pousses de soja

4 c.s. d'huile végétale

1 c.s. de miel

2 c.s. de vinaigre de riz

Sel de mer

Poivre

2 c.s. de farine

Temps de préparation : 30 minutes
(Temps de cuisson en sus)
Par portion : 292 kcal / 1226 kJ
P : 37 g, L : 9 g, G : 12 g

1 Laver, éponger et débarrasser les filets de
poisson des arêtes. Les couper en cubes.
Presser la limette et asperger du jus les cubes
de poisson.

2 Éplucher et hacher finement l'ail. Parer,
laver et couper le céleri en fines rondelles.
Éplucher et couper les carottes en dés. Laver et
égoutter les pousses de soja dans une passoire.

3 Chauffer 2 c.s. d'huile dans un wok et y faire
revenir l'ail. Ajouter le céleri et les carottes et
les faire revenir 3 minutes en remuant. Incorporer ensuite les pousses de soja et les réchauffer
dans la préparation. Assaisonner avec le miel et
le vinaigre. Retirer les légumes du wok et les garder au chaud.

4 Essuyer le wok et chauffer le restant d'huile.
Assaisonner les cubes de poisson, les tourner dans la farine et les saisir dans l'huile chaude
pour qu'ils soient croustillants. Les sortir du wok,
les égoutter sur du papier absorbant et les servir
avec les légumes.

Sole

en sauce à la limette

Pour 4 personnes

2 soles filetées et prêtes à cuisiner

10 gousses d'ail

5 piments rouges

1 botte de ciboulette

3 limettes

1 c.c. de sel marin

3 c.s. de sauce de soja claire

Temps de préparation : 20 minutes
(Temps de cuisson en sus)
Par portion : 173 kcal / 727 kJ
P : 34 g, L : 3 g, G : 1 g

1 Laver et éponger les filets de sole puis les déposer dans un plat à gratin. Préchauffer le four à 200 °C.

2 Éplucher et couper l'ail en fines lamelles. Parer les piments, les laver à l'extérieur comme à l'intérieur puis les émincer. Laver, essorer et hacher grossièrement la ciboulette. Presser les limettes pour obtenir environ 5 c.s. de jus.

3 Dans un saladier, bien mélanger les piments, l'ail, le jus de limette, le sel et la sauce de soja avec $1/8$ l d'eau et verser sur le poisson. Faire cuire le poisson 20 minutes au milieu du four. Le parsemer de ciboulette avant de servir.

Calmar à la coriandre

1 Laver, éponger et tailler les calmars en morceaux de la taille d'une bouchée. Parer, laver et couper les ciboules en deux dans le sens de la longueur puis en tronçons de 3 cm.

2 Laver, essorer et effeuiller les brins de coriandre. Éplucher et hacher finement l'ail.

3 Chauffer l'huile dans un wok ou une poêle et y faire dorer l'ail 2 minutes sans cesser de remuer. Ajouter les calmars et assaisonner le tout avec le nuoc mam, la sauce d'huître, la coriandre en poudre et le poivre. Faire revenir environ 2 minutes, puis incorporer les ciboules. Mouiller avec 50 ml d'eau, bien mêler le tout, rectifier l'assaisonnement et garnir de feuilles de coriandre juste avant de servir.

Pour 4 personnes

700 g de calmars prêts à cuisiner
4 ciboules
4 brins de coriandre
4 gousses d'ail
3 c.s. d'huile végétale
2 c.s. de nuoc mam
2 c.s. de sauce d'huître
1 c.c. de coriandre en poudre
2 c.c de poivre blanc du moulin

Temps de préparation : 20 minutes
(Temps de cuisson en sus)
Par portion : 328 kcal / 1 375 kJ
P : 29 g, L : 4 g, G : 26 g

Moules

à l'ail et au piment

Pour 4 personnes

200 g de moules
200 g de pétoncles
200 g de coquilles Saint-Jacques
3 gousses d'ail
2 piments rouges
1 c.s. de racine de coriandre fraîchement hachée
1 c.c. de sel marin
2 c.s. d'huile végétale
2 c.s. de sauce d'huître
1 c.s. de nuoc mam (sauce de poisson vietnamienne)
1 poivron vert
4 échalotes
½ botte de menthe

Temps de préparation : 30 minutes
(Temps de cuisson en sus)
Par portion : 173 kcal / 726 kJ
P : 16 g, L : 7 g, G : 9 g

1 Brosser les moules, éliminer les coquilles ouvertes. Faire cuire les moules 5 à 10 minutes dans de l'eau bouillante jusqu'à ce que les coquilles s'ouvrent. Éliminer alors les coquilles encore fermées. Détacher la chair des coquilles.

2 Éplucher et hacher l'ail. Parer, laver, épépiner et hacher les piments. Piler l'ail, les piments, la racine de coriandre et le sel dans un mortier pour obtenir une pâte.

3 Chauffer l'huile dans une poêle ou dans un wok et y faire griller brièvement la pâte puis ajouter les moules. Verser la sauce d'huître et le nuoc mam et laisser mijoter le tout encore quelques minutes.

4 Parer, laver, épépiner et couper le poivron en fines lanières. Éplucher et couper les échalotes en rondelles. Laver, essorer et hacher la menthe. Ajouter la menthe et les légumes aux moules et bien mélanger. Compter encore 3 minutes de cuisson avant de servir.

Temaki sushi

au saumon et aux crevettes

Pour 20 sushis de chaque sorte

Pour le riz à sushi:

400 g de riz pour sushi

1 feuille de nori

5 c.s. de saké (vin de riz japonais)

7 c.s. de vinaigre de riz

4 c.s. de sucre

1 à 2 c.s. de mirin

1 à 2 c.s. de sel ou de sauce de soja

1 Verser le riz dans une passoire et le rincer à l'eau froide jusqu'à ce que l'eau de rinçage soit claire. Puis le laisser reposer environ 12 minutes dans la passoire.

2 Mettre la feuille de nori dans une casserole, la couvrir avec ½ tasse d'eau et la laisser tremper 5 minutes. Puis ajouter 3 tasses d'eau, le saké et le riz. Porter à ébullition à couvert et, dès que l'eau bout, laisser cuire à feu doux jusqu'à ce que le riz ait absorbé toute l'eau. Laisser sécher complètement le riz et enlever la feuille de nori.

3 Mélanger le vinaigre de riz, le sucre, le mirin, le sel ou la sauce de soja jusqu'à ce que le sucre et le sel soient dissous et incorporer ce mélange au riz encore chaud. Mélanger le riz plusieurs fois avec une cuillère en bois jusqu'à ce qu'il soit complètement froid. Former alors de petites boulettes de riz de la taille d'une balle de ping-pong et les couvrir d'un torchon humide pour qu'elles ne dessèchent pas.

4 Pour les sushis, faire griller brièvement les 10 feuilles de nori d'un côté dans une poêle. Les étaler sur un plan de travail et les couper en deux. Couper 3 cm de chaque demi-feuille, la garnir d'une boulette de riz et l'égaliser.

5 Enduire le riz de pâte de wasabi et couvrir d'1 feuille de salade de façon à ce que celle-ci dépasse vers le haut.

6 Couper le saumon fumé en fines lamelles d'environ 5 cm de long, couper le cottage en petits dés. Laver, essorer et tailler la ciboulette en tronçons.

7 Laver et éponger les crevettes. Couper l'omelette en petits dés et le mélanger avec les crevettes. Réunir tous ces ingrédients ainsi que les lanières de concombre pour obtenir une farce.

8 Répartir la farce voulue avec la garniture sur le riz. La farce doit dépasser un peu en haut du cornet. Rouler le tout pour former de petits cornets pointus laissant dépasser la farce. La dernière partie de la feuille de nori est collée avec quelques grains de riz.

Pour les sushis:
10 feuilles de nori
Pâte de wasabi ou poudre de wasabi délayée avec de l'eau
20 feuilles de salade pas trop grandes sans côte centrale

Pour la farce de saumon :
200 g de saumon fumé
50 g de cottage
½ botte de ciboulette

Pour la farce de crevette :
200 g de crevettes grises
50 g d'omelette
Lanières de concombre

Temps de préparation : 20 minutes
Par portion (10 sushis) :
529 kcal / 2 212 kJ
P : 32 g, L : 10 g, G : 78 g

Desserts et entremets
à visée amincissante

Salade de fruits
exotiques

Pour 4 personnes

200 g de litchis (en conserve)

1 carambole

4 figues

100 g de kumquats

1 mangue

4 kiwis

1 baby ananas

2 c.s.de lait de coco

Jus d'ananas, sans sucre, selon les goûts

50 g de noix de coco râpée pour la décoration

Temps de préparation : 20 minutes
Par portion : 223 kcal/932 kJ
P : 2 g, L : 9 g, G : 31 g

1 Égoutter les litchis dans une passoire et recueillir le jus. Laver, sécher et couper la carambole en fines tranches. Couper la queue des figues, les laver et les couper en huit. Laver, éponger et couper les kumquats en fines rondelles. Laver, sécher et couper la mangue en deux. La dénoyauter, l'éplucher et couper la chair en dés.

2 Éplucher et couper les kiwis en dés, éplucher le baby ananas et détailler la chair en morceaux de la taille d'une bouchée. Mélanger tous les fruits dans un saladier. Mélanger le jus de litchis et le lait de coco et les verser sur les fruits. Au besoin, ajouter du jus d'ananas. Parsemer de noix de coco râpée avant de servir.

Compotée de raisins
au jus de limette

1 Laver, éponger, couper en deux et épépiner les raisins. Presser les limettes et allonger le jus avec de l'eau pour obtenir 200 ml. Porter à ébullition les raisins et le jus de limette avec la cannelle et laisser frémir à feu doux 2 minutes.

2 Ajouter le sirop de fruits et les noix de cajou après les avoir hachées et les incorporer également à la préparation. Laisser refroidir le tout avant de servir.

Pour 4 personnes

600 g de raisins verts
3 limettes
2 c.c. de cannelle
5 c.s. de sirop de fruits
2 c.s. de noix de cajou

Temps de préparation : 20 minutes
Par portion : 216 kcal / 910 kJ
P : 2 g, L : 5 g, G : 32 g

Sorbet de fruits rouges

onctueux

Pour 4 personnes

1,5 kg d'un mélange de fruits rouges (prod. surgelé)

8 c.s. de miel toutes fleurs

8 c.s. de jus de limette

80 ml de jus d'orange fraîchement pressé

Quelques fruits rouges frais pour la décoration

Temps de préparation : 10 minutes
Par portion : 217 kcal / 1137 kJ
P : 4 g, L : 1 g, G : 52 g

1 Réduire tous les ingrédients en purée au mixeur pour obtenir un mélange onctueux.

2 Trier, laver et éponger les fruits rouges frais.

3 Répartir le sorbet dans 4 raviers et servir sans attendre. Garnir de fruits frais.

Galettes complètes
à la purée de fruits

1 Confectionner une pâte homogène avec la farine de froment intégrale tamisée, 2 c.s. de miel, le sel, l'huile de noix, les flocons de noix de coco, les œufs, 125 ml d'eau et le lait et laisser celle-ci reposer 30 minutes.

2 Laver, dénoyauter et couper les abricots en petits cubes. Laver et couper les poires en deux, enlever les trognons et les pépins, et couper la chair en petits cubes. Réduire les cubes de fruit en purée au mixeur. Mélanger la purée de fruit, le yaourt et le restant de miel.

3 Chauffer de l'huile dans une poêle et faire 6 à 8 galettes fines avec la pâte ; utiliser du papier absorbant pour éliminer l'excédent de graisse et les déposer sur une assiette. Tailler une galette en lanières.

4 Déposer 1 c.s. de purée de fruit au centre de chaque galette et rabattre les bords en forme de bourse ; attacher le haut avec les lanières. Procéder de la même façon avec les autres galettes.

Pour 4 personnes

125 g de farine de froment intégrale

3 c.s. de miel

1 pincée de sel

1 c.s. d'huile de noix

1 c.s. de flocons de noix de coco

3 œufs

125 ml de lait

150 g d'abricots

150 g de poires

1 c.s. de yaourt nature

2 c.s. d'huile de tournesol

Temps de préparation : 40 minutes
(Temps de repos et de cuisson en sus)
Par portion : 183 kcal / 769 kJ
P : 6 g, L : 7 g, G : 24 g

Soupe froide de cynorhodons au jus de raisin

Pour 4 personnes

250 g de cynorhodons séchés

Jus de raisin pour compléter, sans sucre

4 c.s. de sirop d'érable

7 g de liant végétal

1 c.s. de miel

Jus d'une moitié de citron

2 c.s. de crème chantilly

Temps de préparation : 20 minutes
(Temps de trempage, de cuisson et de refroidissement en sus)
Par portion : 53 kcal / 225 kJ
P : 1 g, L : 1 g, G : 12 g

1 Piler les cynorhodons séchés dans un mortier et les faire tremper environ 4 heures dans de l'eau. Puis les faire cuire environ 30 minutes dans l'eau de trempage.

2 Passer cette soupe au chinois et ajouter du jus de raisin pour obtenir 1,5 l. Ajouter le sirop d'érable et porter à ébullition. Délayer le liant dans un peu d'eau froide, le verser dans la soupe de cynorhodons bouillante et faire la liaison.

3 Laisser refroidir la soupe. Ajouter le miel et le jus de citron. Répartir dans des assiettes et surmonter d'un nuage de crème chantilly.

Salade de prunes
au gingembre

1 Laver, nettoyer et blanchir les prunes environ 6 minutes dans de l'eau bouillante. Les égoutter, les laisser refroidir, les peler, les couper en deux et les dénoyauter. Couper les prunes au gingembre en fines lamelles et réunir les prunes.

2 Mélanger la crème légère, le jus de pruneaux, la cannelle et le gingembre en poudre. Mettre les fruits dans un saladier, couvrir et laisser les ingrédients s'imprégner les uns des autres pendant 30 minutes. Parsemer de gingembre fraîchement râpé avant de servir.

Pour 4 personnes

500 g de prunes
2 prunes au gingembre
4 c.s. de crème légère
20 ml de jus de pruneaux,
sans sucre
1 pointe de couteau de cannelle
1 pointe de couteau
de gingembre en poudre
Gingembre fraîchement râpé
pour la décoration

Temps de préparation : 30 minutes
(Temps de cuisson, de refroidissement
et de macération en sus)
Par portion : 97 kcal / 407 kJ
P : 1 g, L : 2 g, G : 17 g

Fromage blanc
aux fruits secs

Pour 4 personnes

200 g de fruits secs,
par ex. pruneaux et abricots

400 ml de jus d'orange
fraîchement pressé

500 g de fromage blanc
à 0 % M.G.

4 c.s. d'amandes en poudre

Temps de préparation : 15 minutes
(Temps de trempage en sus)
Par portion : 209 kcal / 877 kJ
P : 19 g, L : 4 g, G : 38 g

1 Faire tremper les fruits secs environ 1 heure
dans le jus d'orange. Puis retirer les fruits du
jus d'orange et les couper en petits dés.

2 Mélanger le fromage blanc et le jus d'orange,
incorporer les ingrédients restants et servir
sans attendre.

Ananas farci
aux framboises et mûres

1 Laver les baby ananas et les couper en deux dans le sens de la longueur, feuilles comprises. Enlever le cœur et évider un peu l'intérieur. Détailler la chair en petits dés.

2 Trier, laver et éponger avec précaution les framboises et les mûres. Couper les bananes en rondelles, les mélanger avec les framboises et les mûres et les asperger de jus de limette.

3 Mélanger le yaourt et le sirop de noix de coco. Farcir les ananas avec les fruits. Disposer sur des assiettes et napper de yaourt à la noix de coco. Parsemer d'une pincée de cannelle et de noix de coco râpée avant de servir.

Pour 4 personnes

2 baby ananas
100 g de framboises
100 g de mûres
2 petites bananes pas trop mûres
Jus d'une moitié de limette
200 g de yaourt nature
3 cl de sirop de noix de coco
Cannelle et noix de coco râpée pour la décoration

Temps de préparation : 25 minutes
Par portion : 128 kcal/539 kJ
P : 3 g, L : 2 g, G : 27 g

Melon en vinaigrette

Pour 4 personnes

1 petit melon cantaloup

½ concombre

3 tomates

Sel cristallisé

3 c.s. de feuilles de menthe
fraîchement hachées

3 c.s. d'huile d'olive

2 c.s. de vinaigre balsamique
blanc

½ c.c. de cumin moulu

Feuilles de menthe pour
la décoration

Temps de préparation : 20 minutes
(Temps de macération en sus)
Par portion : 64 kcal / 269 kJ
P : 1 g, L : 4 g, G : 5 g

1 Couper le melon en deux, l'épépiner et prélever des boules avec une cuillère parisienne. Parer, éplucher et couper le concombre en dés. Laver les tomates, les inciser en croix, ôter les pédoncules. Ébouillanter les tomates dans de l'eau bouillante, les peler, les épépiner et les couper en dés.

2 Mélanger les boules de melon, les dés de concombre et de tomates dans un saladier. Saler et incorporer 2 c.s. de menthe. Laisser les ingrédients s'imprégner les uns des autres pendant 10 minutes.

3 Confectionner une vinaigrette avec l'huile, le vinaigre, la menthe restante, le cumin et du sel. La verser sur la salade. Laisser macérer le tout encore 30 minutes. Garnir la salade de feuilles de menthe avant de servir.

Salade de fraises
aux nectarines

Pour 4 personnes

250 g de fraises
2 nectarines
1 orange non traitée
4 c.s. de sirop d'érable
40 g de pignons
150 g de yaourt nature

Temps de préparation : 20 minutes
(Temps de macération en sus)
Par portion : 180 kcal / 750 kJ
P : 5 g, L : 7 g, G : 23 g

1 Laver brièvement les fraises et bien les égoutter. Garder 4 belles fraises pour la décoration. Équeuter les autres ou enlever les feuilles et la partie blanchâtre à l'aide d'un petit couteau. Les couper en deux dans le sens de la longueur.

2 Laver et éponger les nectarines. Les dénoyauter. Couper la chair en dés.

3 Laver l'orange à l'eau chaude et l'éponger. Prélever finement le zeste et presser le jus. Mélanger le zeste et le jus avec 2 c.s. de sirop d'érable et verser sur les fraises et les nectarines. Laisser les fruits macérer environ 1 heure au réfrigérateur.

4 Faire griller les pignons à sec dans une poêle. Réserver 1 c.s. de pignons grillés et réduire les pignons restants en purée avec le yaourt. Sucrer avec le restant de sirop d'érable.

5 Napper la salade de fraises et de nectarines de yaourt aux pignons. Garnir avec les fraises, parsemer les pignons grillés avant de servir.

Granité d'agrumes
au miel toutes fleurs

1 Laver et éponger tous les agrumes. Prélever les zestes en fines lanières.

2 Presser ensuite les fruits et passer le jus au chinois.

3 Porter à ébullition l'eau minérale additionnée de miel puis laisser refroidir.

4 Mélanger le jus de fruits, les zestes finement hachés, la mélisse ciselée et le sirop de miel et faire congeler ce mélange dans un saladier.

5 Tourner plusieurs fois avec une fourchette. Répartir le granité dans des bols et servir sans attendre.

Pour 4 personnes

1 orange non traitée
1 pamplemousse non traité
1 citron vert non traité
1 citron non traité
200 ml d'eau minérale
50 g de miel toutes fleurs
4 feuilles de mélisse

Temps de préparation : 15 minutes
(Temps de refroidissement
et de congélation en sus)
Par portion : 76 kcal / 316 kJ
P : 1 g, L : 0 g, G : 17 g

Soupe froide de yaourt
aux fruits rouges

Pour 4 personnes

250 g de yaourt nature

100 ml de jus de mûre bio

20 feuilles de menthe

400 g de fruits rouges
(par ex. myrtilles ou mûres)

Feuilles de menthe pour
la décoration

Temps de préparation : 15 minutes
(Temps de refroidissement en sus)
Par portion : 88 kcal / 326 kJ
P : 3 g, L : 1 g, G : 14 g

1 Bien mélanger le yaourt et le jus de mûre et le verser dans un saladier. Laver, essorer et tailler les feuilles de menthe en lanières. Les incorporer au yaourt et mettre le tout 30 minutes au frais.

2 Trier, laver et éponger les fruits. Les équeuter si besoin est. Les mettre au freezer et laisser congeler brièvement. Les incorporer ensuite au yaourt, répartir dans des coupes et garnir de feuilles de menthe avant de servir.

Soupe froide de cerises
aux noisettes

1 Mélanger le kéfir, le miel, la cannelle et les noisettes. Bien réfrigérer.

2 Répartir les griottes et les raisins secs dans 4 assiettes creuses.

3 Verser le kéfir dessus et servir cette soupe de cerises bien fraîche.

Pour 4 personnes

1 l de kéfir
50 g de miel toutes fleurs
1 c.c. de cannelle en poudre
50 g de noisettes hachées
200 g de griottes dénoyautées en bocal
2 c.s. de raisins secs

Temps de préparation : 5 minutes
Par portion : 305 kcal / 1274 kJ
P : 11 g, L : 12 g, G : 31 g

Index des recettes

Crédits photographiques

fotolia.com : p. 8/9 (© Warren Goldswain), 10 (© Yuri Arcurs), 11 (© Hannes Eichinger), 12 (© contrastwerk-statt), 13 (© Francesco83), 14 (© Subbotina Anna), 15 (© silencefoto), 16 (© Africa Studio), 19 (© Mara Zemgaliete), 20 (© eyewave), 21 (© Printemps), 22 (© Barbara Dudzinska), 24 (© Kaarsten), 25 en haut (© Ildi), 25 en bas (© oksix), 26/27 (© HLPhoto), 28 (© rolfbrecht100), 29 (© BestPhotoStudio), 32 (© Christian Schwier), 33 (© Jonas Glaubitz), 34 (© Konstantin Yuganov), 35 (© Dionis-vera)

Photos des recettes p. 4, 52/53, 77, 79, 85, 91, 96, 104–108, 112, 126, 136, 140, 147, 148, 151, 168, 169, 173 : Studio Klaus Arras

Toutes les autres photos : TLC Fotostudio